Lydie Raisin

Stretching:
Instructivo

• MARABOUT •

Introducción

Este método está dirigido a todos sin excepción y no presenta ninguna contraindicación.

Consiste en estirar progresivamente todas las partes del cuerpo (articulaciones y grupos musculares) adoptando diversas posturas cuyos tiempos de pausa varían según la dificultad de la técnica y el volumen de la masa muscular que se está estirando.

Es indispensable un mínimo de concentración para relajar completamente los músculos en cuestión.

Un consejo: ejercítese ante un espejo para corregir su postura todo el tiempo.

Este método propone:

▲ 4 ejercicios complementarios,

▲ para realizar en menos de 15 minutos en su casa,

▲ 6 veces por semana,

▲ durante 4 semanas.

Los diferentes métodos

Han surgido muchas variantes de estos métodos. Existen casi tantos tipos de stretching como de instructores...

La ventaja de nuestro método

Previene dolores de espalda y mejora toda la flexibilidad, razón por la cual ningún ejercicio incluye arqueo lumbar ni torsiones.
Todos padecemos mayores o menores deformaciones vertebrales, y el stretching, como otras disciplinas, puede acentuar sus efectos si no se adapta bien a quien lo practica.
Este tipo de stretching atañe esencialmente el acondicionamiento dorsal: con el tiempo, la espalda se torna rígida y es importante incrementar su flexibilidad, sobre todo a nivel de la región lumbar.
Según la edad y las actividades físicas practicadas por un individuo, es posible conseguir en relativamente poco tiempo varios centímetros de amplitud articular.
En casos extremos y raros, el stretching permite al menos mantener la amplitud articular existente.

El stretching es un método de entrenamiento muscular **que surge del hatha yoga, la gimnasia y la danza clásica.** Existen varios métodos diferentes, pero todos se basan en cinco procedimientos técnicos de origen estadounidense.

Passive lift and hold
(Ejercer una tracción pasiva y mantener la posición)

Se trata de un stretching muy elaborado que se realiza en pareja: una persona estira progresivamente la articulación de la otra hasta su máximo durante un minuto.
• Fase 1: los músculos de los miembros se contraen durante 6 segundos.
• Fase 2: dejar que se estiren los músculos pasivamente.

Este stretching se basa en la alternancia de la fase 1 (duración de 6 segundos) y de la fase 2 (duración de 54 segundos). Este método está comprobado, pero requiere cierta experiencia, control y conocimiento del cuerpo; no puede practicarlo un novato sin la supervisión de un profesional. Se practica poco en las salas de acondicionamiento físico, a pesar de ser apreciado en ciertos medios del deporte profesional.

El método PNF
(Proprioceptive Neuromuscular Facilitation)

Es un stretching complejo que requiere precisión y organización en cada movimiento: se ejecuta en pareja.
• Fase 1: se estira al máximo un grupo muscular.
• Fase 2: se sostiene 6 segundos esta extensión de manera isométrica (contracción muscular en la cual la longitud del músculo no cambia, mientras que la fuerza aumenta). Para lograr esto, se necesita una pareja o un aparato que oponga resistencia.
• Fase 3: sin moverse, se relaja el músculo 4 segundos.
• Fase 4: se estira todavía más el músculo.
• Fase 5: se mantiene la tracción máxima durante 10 segundos.
Para obtener resultados, hay que repetir por lo menos tres veces estas diferentes fases. Este método se utiliza tanto

Los diferentes métodos

entre los atletas de alto nivel como en la rehabilitación, lo que ha contribuido a consolidar su reputación. Sin embargo, está prácticamente ausente de los gimnasios, debido a su complejidad y al dominio corporal que requiere.

Ballistic and hold
(Balancear y mantener la posición)

Es un método muy controvertido, cada vez menos utilizado; sin embargo, no se debe descartar del todo. Como los demás, ¡tiene sus adeptos! Simplemente se trata de realizar balanceos de un brazo o una pierna y mantenerlos 6 segundos cada 4 movimientos en postura extrema. Comparado con los otros métodos, está más al alcance de todos.

Relaxation method
(Método de relajación)

Una persona estira durante por lo menos un minuto una articulación, cuyos músculos se relajan poco a poco.
Este método, extremadamente eficaz, está enfocado en obtener la máxima capacidad de extensión muscular e inhibir el reflejo de contracción. Es posible alcanzar este objetivo... ¡con entrenamiento y tiempo! Esta forma muy interesante de estirarse no se aconseja a personas poco deportivas. Las tensiones se deben ejecutar con mucho cuidado y metodología. Este stretching se recomienda a personas muy nerviosas o tensas.

Prolonged stretching
(Stretching prolongado)

Una persona estira durante un minuto una articulación hasta el máximo. La diferencia con el método anterior es que aquí no es necesario relajar el músculo durante la extensión.

Si se desea practicar el stretching en casa con toda seguridad, más vale utilizar el método más sencillo, que se describe en este libro. Se trata de un stretching postural, utilizado por atletas de alto nivel y apreciado por sus rápidos resultados. Además, no requiere practicarse en pareja.

Consejo

La práctica de 10 a 15 minutos de stretching es indispensable y muy benéfica después de las siguientes actividades:
- correr,
- bicicleta,
- tenis,
- esquí acuático,
- squash,
- escalada o alpinismo,
- esquí,
- caminata.

¡Activemos el cuerpo!

Debido a nuestras profesiones sedentarias, tendemos a activar casi siempre los mismos músculos. Así, esos grupos musculares se fortalecen en detrimento de los otros, que se van atrofiando poco a poco y alteran el equilibrio corporal. De hecho, es uno de los aspectos degenerativos funcionales; esto puede provocar importantes deformaciones vertebrales.
Asimismo, la inactividad hace más lenta la circulación, lo que conlleva una malnutrición del cartílago. Esto puede causar, por ejemplo, una inflamación de las articulaciones.
Con la edad puede surgir la osteoartritis, que provoca una disminución del espacio alrededor de la estructura ósea.
La inmovilidad también puede ocasionar una calcificación.

Los beneficios del stretching

¡Viva el stretching!

El stretching permite una disminución del riesgo de luxación, incluso de ruptura de las articulaciones, debido al incremento de flexibilidad articulatoria que genera (principalmente en la articulación de la rodilla).

Por lo tanto, es esencial conservar el calentamiento necesario para cualquier actividad deportiva y no menospreciar la fase de estiramiento al final de un entrenamiento.

El stretching y el estrés...

La contracción muscular puede ser una reacción ante un estado de estrés.

Esta forma de presión en la masa muscular es casi siempre inconsciente, y conlleva un gasto de energía inútil, además de un estado permanente de cansancio.

Esa contracción muscular puede ocasionar movimientos mal controlados, hasta brutales, y articulaciones rígidas a veces sensibles e incluso dolorosas. La práctica regular del stretching acaba con estos inconvenientes; procurando igualmente una tranquilidad psicológica.

En general, el stretching mejora el estado de los músculos, las articulaciones, los tendones, los ligamentos y también de los tejidos conjuntivos. Entre otras cosas, impide la deformación muscular debida, las más de las veces, a malas posturas en la vida cotidiana.

Algunas posturas de stretching pueden parecer extrañas a un novato, pero son éstas las que conservan la facultad de adaptación del músculo al esfuerzo (posiciones que uno nunca adopta en la vida cotidiana).

No sólo conduce a una movilidad articular máxima, sino que retrasa el endurecimiento de las articulaciones y ayuda a la estimulación de la secreción del líquido sinovial. Se recomienda el stretching a las personas que sufren de calambres o de fatiga crónica, debidos a menudo a la inactividad. Al mejorar notablemente la elasticidad muscular, constituye un excelente medio de prevención de esguinces e incluso de desgarres musculares.

Asimismo, permite una mejor coordinación de los movimientos. Se le reconoce una acción antiestrés y se recomienda a las personas que no tienen una buena circulación sanguínea.

Algunos ejemplos

• Durante el estiramiento del tronco, se constata un aumento de la presión en las arterias. Es excelente para la presión arterial.

• La práctica regular de flexiones del tronco genera un mejor funcionamiento del intestino, sirviendo de masaje.

• Una rotación del tronco hace que el hígado se vacíe mejor.

• Las flexiones realizadas en las posturas ocasionan una compresión del vientre, benéfico para el metabolismo.

• Algunos profesionales del stretching aseguran que existen posturas benéficas para la actividad sexual.

• Ciertos ejercicios influyen favorablemente sobre la actividad renal o provocan una estimulación de la glándula suprarrenal.

• Algunas posturas, como la extensión de la columna vertebral, aumentan la presión a nivel del abdomen, mejorando de esta manera la eliminación de las materias tóxicas, así como la circulación sanguínea.

Consejos a seguir antes de comenzar

1. Practique el stretching en una habitación templada (20 °C). Evite las corrientes de aire.

2. Ejercite sobre un tapete o colchoneta de gimnasia.

3. Respete los tiempos de postura y de relajación.

4. Siempre trabaje simétricamente (a la derecha y luego a la izquierda).

5. Recuerde mantener las piernas semiflexionadas durante toda la ejecución de las posturas de pie (siempre tendemos, por reflejo, a extenderlas).

6. Escuche una música relajante (evite el ruido de la lavadora...).

7. No haga otra cosa durante su sesión de stretching (como ver un video o escuchar una cinta para aprender inglés).

Cuidado

Si usted es adepto(a) a correr, practique su sesión de stretching cuando haya eliminado completamente el ácido láctico de sus músculos (por lo menos una hora después). No olvide que es importante estirar los músculos y articulaciones después de una actividad que endurezca la masa muscular.

Importante

En el marco de una clase colectiva, el stretching debe ser impartido por personal calificado con un diploma otorgado por la instancia correspondiente, según el país. Esto es muy importante ya que una enseñanza mal impartida de esta disciplina puede tener consecuencias nefastas, sobre todo a nivel dorsal.

También es básico que el instructor le informe sobre las posturas que no debe practicar en función de su morfología o de sus deformaciones vertebrales, por ejemplo. Efectivamente, ciertas técnicas inspiradas en el hatha yoga incluyen posturas basadas en el arqueo lumbar. No se pueden practicar de cualquier modo, ni por todo el mundo. Por esa razón, están excluidas de esta guía.

Concéntrese

A menudo tendemos a tensar la parte muscular que se está trabajando en lugar de relajarla para alargarla mejor. De ahí la necesidad de concentrarse para practicar stretching. Pero tranquilícese; con un poco de práctica se logra rápidamente.

Las posturas elegidas en esta guía son básicas, ya que el ejercicio en casa debe efectuarse con un máximo de seguridad. Mientras más compleja es una técnica, mayores son los riesgos de error. Por lo tanto, es importante reducirlos con una buena comprensión de la técnica.

Mientras realiza las posturas, recuerde siempre:
- estirarse al máximo durante toda la sesión;
- llevar sus hombros lo más atrás que pueda;
- colocar sus pies paralelos;
- tomar conciencia de la repartición del peso de su cuerpo;
- separar sus piernas alineadas con su pelvis (exceptuando para los estiramientos abiertos, obviamente);
- posicionar sus rodillas de frente (y no rotadas hacia el interior);
- colocar la pelvis de preferencia hacia adelante (en retroversión).

El stretching y la respiración

Los beneficios respiratorios

Si practica regularmente el stretching, su capacidad respiratoria aumenta, sus músculos y articulaciones se hacen cada vez más flexibles.
Su capacidad vital (el máximo de aire introducido en los pulmones partiendo del estado de exhalación forzada) mejora (para un adulto es de 3.5 l aproximadamente).
Con frecuencia, el stretching se recomienda a personas con asma (afección relacionada con dificultades respiratorias) debido al papel importante que desempeña la respiración en esta práctica.

La práctica regular del stretching permite una mejor toma de conciencia de la respiración, y mejora el funcionamiento de los músculos respiratorios.

Al realizar las posturas, es importante:
• darse cuenta de nuestra capacidad de inflar la caja torácica al inhalar;
• sentir la contracción abdominal al exhalar.

La respiración es un fenómeno natural que debe controlarse en ciertas circunstancias, mas no frenarse. Si al hacer un estiramiento experimenta una molestia respiratoria cualquiera, disminuya el esfuerzo. **Es esencial no retener su respiración al hacer una postura**.
En los ejercicios siguientes, la inhalación se hace por la nariz y la exhalación, dos veces más lenta, por la boca.

¿Cómo se efectúa la respiración?

La parte más importante de la operación se efectúa a nivel de los pulmones, en donde la sangre venosa se transforma en sangre arterial. La respiración regulada por el centro respiratorio situado en el bulbo raquídeo (a un ritmo de aproximadamente 16 inhalaciones por minuto) se caracteriza por:

• La inhalación:
- el diafragma se contrae;
- la parte superior del tórax aumenta de volumen;
- la presión baja;
- las costillas superiores se levantan;
- los músculos externos intercostales y los músculos necesarios a la inhalación se contraen;
- el aire entra en los pulmones: el oxígeno irriga los tejidos y los órganos a partir de las arterias.

• La exhalación:
- el diafragma se relaja;
- los músculos espiratorios se contraen;
- el volumen de la caja torácica disminuye;
- la presión aumenta;
- el aire cargado de gases usados que proviene de los capilares se eyecta de los pulmones.

El stretching y la respiración

La respiración sin esfuerzo físico

Durante una respiración normal, sin esfuerzo físico, se le llama VC (volumen corriente) al volumen de aire que circula entre una exhalación normal y una inhalación normal. Corresponde más o menos a 0.5 l.

Si se realiza una inhalación más larga, el volumen extra de aire que penetra en los pulmones se llama VRI (volumen de reserva de inhalación). Corresponde aproximadamente a 1.5 l de aire.

Así, la suma del volumen corriente y del volumen de reserva de inhalación se llama CI (capacidad de inhalación). Es aproximadamente igual a 2.02 l.

Si se efectúa una exhalación prolongada y forzada, se emite aire llamado VRE (volumen de reserva de exhalación). Corresponde a 1.5 l.

La suma del volumen de reserva de inhalación, del volumen corriente y del volumen de reserva de exhalación constituye la CV (capacidad vital). Corresponde a 3.53 l.

En el caso de una exhalación forzada, cuando se expulsa el VRE, aún queda aire llamado VR (volumen residual). Es de aproximadamente 0.5 l.

La suma del volumen de aire residual y del volumen de aire de reserva de exhalación da la CRF (capacidad residual funcional). Corresponde a 2.02 l.

La suma de la capacidad vital y del volumen residual es la capacidad pulmonar total. Es de aproximadamente 4.02 l.

La respiración durante un esfuerzo

Primera constatación: el volumen residual no cambia, incluso si el esfuerzo es muy importante. Por el contrario, el VC (volumen corriente) aumenta a medida en que el ritmo respiratorio se acelera, para después disminuir ligeramente. El producto del volumen corriente por la frecuencia respiratoria es el caudal ventilatorio.

Igualmente, hay un aumento del volumen de reserva de exhalación.

Estos dos aumentos originan una disminución más o menos fuerte del VRI (volumen de reserva de inhalación).

¿Cómo vestirse para practicar el stretching?

Elija prendas amplias, confortables, de algodón y de preferencia bastante calientes. No olvide ponerse calcetines.

¿Cuál es la mejor hora para practicar stretching?

¡Es algo completamente personal! Que usted sea del tipo alondra o búho, ¡no importa! Lo esencial es que se entrene a la hora en que sienta la mejor disposición (dejando a un lado cualquier obligación, por supuesto).

¿Existen cursos colectivos de diferentes niveles?

¡Sí! Existen tres niveles: principiantes, intermedios y avanzados. Los cursos deben ser impartidos por instructores debidamente certificados.

¿Hay que hidratarse?

Por supuesto, si siente la necesidad de hacerlo. De cualquier forma, lo mejor es beber medio vaso de agua antes de la sesión y medio vaso después, sobre todo para no sentir molestias durante el ejercicio.

Actividades deportivas complementarias

Cuidado

Ciertas enfermedades reumáticas (como la artrosis) pueden desarrollarse con actividades deportivas específicas.
En efecto, las tensiones repetidas pueden crear presiones negativas, así como microtraumatismos (por ejemplo, artrosis cervicales en los jugadores de rugby). Por lo tanto, ¡entrénese con la dosis exacta!

Al ser el stretching la disciplina de la flexibilidad por excelencia, las actividades complementarias son aquellas que involucran el sistema cardiopulmonar y que mejoran la potencia y tonicidad musculares.

Así, el stretching se alía con todos los deportes o actividades deportivas sin excepción.

Reforzará ciertas aptitudes propias a la disciplina (como ayudar a la bailarina a ser aún más flexible), o bien será indispensable (por ejemplo, un corredor de maratones no puede evitar la práctica de técnicas de flexibilidad).

Se puede alternar con una o varias disciplinas o, por el contrario, al final de cada entrenamiento específico (como el atletismo). Incluso se puede hacer en el marco de una clase (por ejemplo, realizar posturas de stretching concatenadas a la mitad y al final del curso de *step*, o de "*halow combo*" [disciplina dinámica bailada de *fitness*]).

Es entonces necesario acordarse de practicar toda la vida técnicas de stretching para poder conservar un mínimo de autonomía de movimientos.

Atletas de alto nivel practican stretching postural o pasivo (cuando una pareja ayuda a estirar), para mejorar su desempeño.

Los gimnastas efectúan también el stretching de parejas o usando un palo para reposicionar su espalda o mejorar su aplastamiento facial (llegar al suelo con el pecho).

Por lo tanto, el stretching es la actividad complementaria indispensable para:
- correr,
- aeróbicos de alto impacto,
- bicicleta,
- escalada o alpinismo,
- esquí (prevención de caídas),
- pesas o fisicoculturismo.

Programa de un mes

Primera semana

Programa del lunes en 15 minutos

Postura 1
Estiramiento lateral de la espalda
Hacer 4 estiramientos alternados de 8 segundos cada uno.

Postura 2
Estiramiento del tronco
Hacer 4 estiramientos alternados de 10 segundos cada uno.

Postura 3
Extensión lateral del tronco
Hacer 4 estiramientos alternados de 10 segundos cada uno.

Postura 4
Estiramiento de la espalda baja
Hacer 4 estiramientos de 10 segundos cada uno.

No olvide relajarse completamente respirando lo más lento que pueda entre cada postura.

Levántese lentamente exhalando por la boca al final de la sesión.

La descripción detallada de estas técnicas se encuentra en las páginas siguientes.

Postura 1
Estiramiento lateral de la espalda

Descripción

De pie, con los brazos arriba.
Inhalando suavemente por la nariz, tome su muñeca derecha con su mano izquierda.
Exhalando lentamente por la boca, estire al máximo el brazo derecho hacia arriba y hacia atrás durante 8 segundos.
Relájese completamente durante unos 10 segundos antes de invertir la posición.

Repetición

Haga 4 estiramientos alternados.

Variante

Entrelace los dedos arriba de su cabeza y estire así al máximo sus brazos extendidos durante 10 segundos.
Repita 4 veces.

Dedos juntos, en extensión
Brazo flexionado
Brazo estirado al máximo
Cabeza levantada
Pelvis hacia adelante
Piernas semi-flexionadas
Pies paralelos

Consejo profesional:

Estire al máximo los hombros hacia atrás todo el tiempo.

Pregunta

¿Por qué hay que hacer una retroversión (inclinación hacia adelante) de la pelvis?

Respuesta

Esta posición es completamente segura para la región lumbar. Se aconseja adoptarla sistemáticamente para todos los ejercicios de pie.

Recuerde sus nociones de anatomía

Los músculos esfinterianos de las mujeres son:
a) 4
b) 2
c) 3

· ·

Respuesta: c) 3: el esfínter del útero, del ano y el constrictor de la vulva.

La relajación progresiva: ¡todas las revistas hablan de ello!

Este método consiste en una sucesión de contracciones y relajaciones. De alguna manera, es una toma de conciencia de la contracción de una zona muscular precisa con relación al conjunto de la masa muscular inactiva.
Se recomienda para aliviar los dolores dorsales.
También tiene una acción preventiva respecto a la tensión muscular.
Va acompañada por una técnica de respiración muy precisa. Se necesitan 15 segundos para estirar completamente los músculos seguidos por un máximo de 30 segundos para relajarlos.
Este método puede realizarse en clases particulares, colectivas o con un casete. La posición boca arriba, con los ojos cerrados, es de rigor durante toda la sesión. ¡Pruebe esta técnica!

Sesión detallada del lunes

Brazo extendido al máximo y paralelo al suelo

Hombro estirado hacia atrás

Cabeza hacia abajo

Mano apoyada en la cintura

Pies paralelos

Consejo profesional:

Mantenga la espalda lo más recta posible, pero nunca arqueada.

Pregunta

¿Se puede realizar esta postura con las piernas juntas?

Respuesta

Por supuesto, pero es más fácil realizarla con las piernas separadas, pues permite una mayor estabilidad.

Recuerde sus nociones de anatomía

El músculo recto mayor es:
a) un músculo de la pierna
b) un músculo abdominal
c) un músculo del transverso

• •

Respuesta: b) abdominal.

Postura 2
Estiramiento del tronco

Descripción

De pie, con las piernas separadas, semiflexionadas, lleve el cuerpo hacia adelante cuidando que la espalda esté paralela al suelo. Ponga la mano derecha sobre un apoyo (mesa, mueble, etc.), brazo extendido; ejerza así una extensión dorsal y braquial llevando al máximo su pelvis hacia atrás durante 10 segundos y exhalando por la boca. Inhale suavemente por la nariz al erguirse.

Relájese completamente durante unos 10 segundos antes de invertir la posición.

Repetición

Haga 4 estiramientos alternados con cada brazo.

Variante

Coloque sus dos manos sobre el apoyo, alineando los brazos con los hombros, y estire así la pelvis hacia atrás durante 10 segundos.

Repita 4 veces.

¡No abuse de los excitantes!

Por supuesto, la cafeína es un estimulante apreciable que posee características diuréticas reconocidas, pero puede hacerlo más proclive a la fatiga, al estrés, y acentuar un estado de palpitación, incluso de hipertensión.

También se ha demostrado que un consumo excesivo de cafeína puede causar una desmineralización, como una pérdida de zinc, de potasio, de vitamina B1 y de hierro. Algunos especialistas piensan que el consumo excesivo de café puede causar fragilidad ósea.

En cuanto al té, también es importante consumirlo sin excesos. El té verde tendría propiedades anticolesterol y antioxidantes, gracias a que contiene flavonoides.

No se deben tomar más de dos tazas de café o dos tazas de té al día.

Postura 3
Extensión lateral del tronco

Dedos juntos extendidos

Brazos extendidos

Cabeza derecha

Hombros estirados hacia atrás

Mano en el suelo

Pies paralelos

Descripción

Sentado, flexione al máximo el tronco lateralmente, con el brazo derecho elevado. Mantenga así la postura en extensión máxima, exhalando por la boca durante 10 segundos. Inhale suavemente por la nariz al erguirse.

Relájese completamente durante unos 10 segundos antes de invertir la posición.

Repetición

Haga 4 series alternadas.

Variante

Realice las mismas flexiones laterales, con los dos brazos extendidos hacia arriba durante 8 segundos.

Repita 4 veces alternando los lados.

Consejo profesional:

Evite que el cuerpo se vaya hacia atrás, flexione el tronco en el eje lateral del cuerpo y sobre todo no despegue los glúteos del asiento.

Pregunta

¿Por qué el brazo levantado debe estar extendido?

Respuesta

Permite un estiramiento lateral mucho más completo.

El stretching y el tabaco

Fumar y practicar una disciplina como el stretching son incompatibles, ya que la actividad respiratoria desempeña un papel esencial.

Efectivamente, el humo contiene una cantidad importante de radicales libres que aceleran el envejecimiento, aumentan el colesterol malo, disminuyen las vitaminas E y C y alteran los sistemas respiratorio y cardiaco. También se sabe que el tabaco genera un espasmo del píloro (orificio que comunica al estómago con el duodeno).

Las estadísticas demuestran que más de 60 000 muertes al año se deben a un tabaquismo excesivo. Entonces, el tabaco disminuye la esperanza de vida. Por lo tanto, no dude en utilizar sustitutos de la nicotina para evitar los efectos nefastos de esta droga.

Recuerde sus nociones de anatomía

El cuádriceps es:
a) el extensor de la pierna sobre el muslo
b) el flexor del muslo
c) el abductor del muslo

Respuesta: a) el extensor de la pierna sobre el muslo.

Sesión detallada del lunes

Cabeza levantada
Espalda derecha
Brazos flexionados
Piernas estiradas y juntas
Pies flexionados

Consejo profesional:

Estire al máximo la cabeza hacia arriba para tener la espalda lo más derecha que pueda.

Pregunta

En caso de falta de flexibilidad, ¿pueden flexionarse las piernas?

Respuesta

¡No! Es preferible mantener las piernas extendidas al máximo, y tomar con las manos los tobillos en lugar de los dedos de los pies.

Recuerde sus nociones de anatomía

La clavícula se articula con:
a) la apófisis coracoides y el acromion
b) el acromion y el omóplato
c) el esternón y el omóplato

· ·

Respuesta: c) la clavícula se articula hacia adentro con el esternón y el primer cartílago costal, y hacia afuera con el omóplato.

Postura 4
Estiramiento de la espalda baja

Descripción

Sentado, tome los dedos de los pies con sus manos y flexione el tronco hacia adelante inhalando por la nariz. A continuación, separe los codos hacia arriba al máximo durante 10 segundos exhalando por la boca.

Inhale suavemente por la nariz al erguirse.

Relájese completamente durante unos 10 segundos antes de comenzar de nuevo.

Repetición

Haga 4 series.

Variante

Haga la misma postura con las piernas separadas, durante 10 segundos. Repita 4 veces.

¡No se ejercite con demasiada violencia!

¿Sabía usted que puede hacerse moretones simplemente por practicar un deporte de manera demasiado dinámica? Efectivamente, se puede constatar la presencia de equimosis después de una sesión de carrera o de aerobics.

De hecho, la actividad física puede crear microdesgarres en los vasos sanguíneos. La sangre que se expande en los tejidos crea equimosis. Pero no se preocupe, ésa no es una razón para no practicar deportes dinámicos: eso sólo sucede rara vez.

¡De ahí la importancia de realizar siempre una actividad física con un calentamiento progresivo bien hecho!

Consejo: nunca dé masaje a una equimosis.

Para envejecer mejor, dele prioridad a la actividad intelectual durante toda su vida

Si bien es indispensable cuidar el cuerpo, no es suficiente. Es importante ejercitar su potencial intelectual tanto en lo que respecta a la memoria visual —por ejemplo, reproducir una concatenación de movimientos— como a la memorización de textos.

Es un error separar el cuerpo de la mente como se hace a menudo, siendo que están unidos de muchas maneras.

Hace algunos años se pensaba que la decadencia intelectual y el envejecimiento iban de la mano. Ahora se constata que las facultades cognitivas de un individuo no disminuyen hasta los 64 años y se conservan operacionales hasta los 80 años.

Existen varios tipos de aptitudes intelectuales que se alteran más o menos según el patrimonio genético y las condiciones de vida de cada quien.
Sólo podemos constatar una disminución de la rapidez de análisis con la edad. Este retroceso del cerebro no siempre se puede explicar.
En cuanto a la capacidad de atención, varía un poco con la edad, pero con más tiempo, las personas mayores tienen un desempeño tan ágil como el de los jóvenes.

Como quiera que sea, la concentración es menos intensa y más difícil de mantener para una persona mayor que para un joven.

Pero no se preocupe; un individuo que entrena su memoria a través de la lectura, conferencias o simplemente comunicándose mucho con los demás compensará con amplitud la disminución de su salud intelectual.

¡Practique el stretching!

Desde su origen, personas de la tercera y cuarta edades practican el stretching para conservar o mejorar una amplitud articular que disminuye con el tiempo. ¡Los resultados obtenidos son sorprendentes!

¿Cuáles son las funciones cognitivas?

Se trata de funciones que permiten la comprensión del contexto en el que evolucionamos y la determinación de actitudes respecto a éste: incluyen las funciones intelectuales, la motricidad gestual, la percepción sensorial y la facultad de memorización.

Programa del martes en 15 minutos

Postura 1
Estiramiento dorsal
Hacer 4 estiramientos de 10 segundos cada uno.

Postura 2
Estiramiento lateral de la cintura
Hacer 4 estiramientos alternados de 10 segundos cada uno.

Postura 3
Rotación del tronco
Hacer 4 estiramientos alternados de 15 segundos.

Postura 4
Estiramiento de las piernas
Hacer 4 estiramientos de 10 segundos cada uno.

No olvide relajarse completamente durante unos 10 segundos respirando lo más lento que pueda entre cada postura.

Levántese lentamente exhalando por la boca al final de la sesión.

La descripción detallada de estas técnicas se encuentra en las páginas siguientes.

Postura 1
Estiramiento dorsal

Descripción

De rodillas, flexione completamente el cuerpo hacia adelante inhalando por la nariz. Estire los brazos delante de usted exhalando por la boca durante 10 segundos.
Inhale suavemente por la nariz al erguirse.
Relájese completamente durante unos 10 segundos antes de empezar de nuevo.

Repetición

Haga 4 series.

Variante

Estire simultáneamente un brazo y la pierna opuesta durante 12 segundos, luego invierta la postura. Repita 4 veces alternando.

Brazos extendidos al máximo alineados con los hombros

Cabeza dirigida hacia abajo

Piernas ligeramente separadas

Palmas sobre el suelo

Consejo profesional:

La pelvis debe estar apoyada todo el tiempo sobre los talones.

Pregunta
¿Por qué debe mantenerse la pelvis sobre los talones?

Respuesta
Para conservar la espalda lo más recta posible para la región lumbar.

¿Qué es la prueba de Ruffier?

Es una de las pruebas de condición física más conocidas que consiste en efectuar 30 flexiones de piernas en 45 segundos. Permite probar la calidad cardiaca durante y después del esfuerzo. A menudo se realiza con un electrocardiograma.
Esta prueba debe hacerse bajo la vigilancia médica y con cuidado para las personas que no son deportivas. El resultado de esta prueba permite, por una parte, conocer la resistencia cardiopulmonar y, por otra, orientarse mejor deportivamente.
Sobre todo, esta prueba es útil si se decide retomar una actividad física dinámica después de un largo periodo de inactividad. Es muy recomendable estirarse con ayuda de las técnicas de stretching que mejoran la flexibilidad de las piernas después de esta prueba.

Recuerde sus nociones de anatomía
El cúbito es un hueso:
a) del antebrazo
b) del brazo
c) de la pierna

• •

Respuesta: a) del antebrazo.

Sesión detallada del martes

Cabeza levantada
Dedos entrelazados
Palmas hacia arriba
Brazos en extensión máxima
Piernas flexionadas y separadas
Pies paralelos

Consejo profesional:

Los hombros se levantan al máximo y se estiran hacia atrás.

Pregunta

¿Se puede realizar este ejercicio con las piernas extendidas o juntas?

Respuesta

Sí, siempre y cuando se tenga una espalda con buen tono muscular y se flexione bien el tronco hacia el lado y nunca hacia atrás.

Recuerde sus nociones de anatomía

El tensor de la fascia lata se extiende:
a) de la cadera y del muslo hasta la rodilla
b) del glúteo mayor a la cadera
c) del hombro al codo

• •

Respuesta: a) de la cadera y del muslo hasta la rodilla.

Postura 2
Estiramiento lateral de la cintura

Descripción

De pie, con las piernas flexionadas y ligeramente separadas, extienda los brazos elevándolos y entrelace sus dedos inhalando suavemente por la nariz. Flexione el tronco lateralmente durante 10 segundos exhalando por la boca. Inhale por la nariz al erguirse suavemente.
Relájese durante unos 10 segundos antes de invertir la posición.

Repetición

Haga 4 series alternadas.

Variante

Realice la misma postura flexionando los brazos. Repita 4 veces alternando.

¡Cuidado con los medicamentos psicotrópicos!

El término *medicamentos psicotrópicos* designa el conjunto de sustancias químicas de origen natural o artificial susceptibles de ejercer todo tipo de modificaciones en la actividad mental. Entre ellos se encuentran los tranquilizantes, los ansiolíticos, los antidepresivos, los hipnóticos y los neurolépticos. En los países occidentales, las mujeres consumen estos medicamentos más que los hombres, desde la temprana edad de 20 años.

La toma de medicamentos psicotrópicos disminuye la capacidad de atención y puede provocar accidentes de tránsito. Su consumo regular conlleva perturbaciones de percepción, e incluso una alteración profunda del estado cognitivo.

Recetar medicamentos psicotrópicos es la solución fácil que a menudo practican ciertos médicos generales, cediendo demasiado fácilmente a las exigencias de sus pacientes. Consumirlos es una solución fácil que evita tener que encontrar las verdaderas razones de los trastornos psicológicos.

Sesión detallada del martes

Postura 3
Rotación del tronco

Descripción

Sentado, estire la pierna derecha y lleve la pierna izquierda flexionada por encima de la pierna derecha.

Tome la rodilla izquierda con la mano derecha y coloque la mano izquierda en el suelo lo más lejos que pueda detrás de la espalda.

Gire al máximo el cuerpo hacia la izquierda durante 15 segundos desplazando la mano izquierda sobre el suelo, detrás, hacia la derecha.

Inhale por la nariz y exhale por la boca lo más lento que pueda.

Relájese completamente durante unos 10 segundos antes de invertir la posición.

Repetición

Haga 4 series alternadas.

Variante

Conserve la misma posición colocando el brazo derecho extendido por afuera de la pierna izquierda flexionada y empujándola, en lugar de sostener la rodilla. Repita 4 veces alternando los lados.

Pierna izquierda flexionada — Cabeza levantada y girada a la izquierda — Espalda rotada

Pie izquierdo lo más cerca posible del cuerpo

Pierna derecha extendida — Mano izquierda sobre el suelo

Brazo izquierdo estirado

Consejo profesional:

No incline la espalda; debe mantenerse forzosamente derecha a pesar de su rotación.

Pregunta

¿La postura es igual de eficaz si la pierna derecha no está completamente estirada?

Respuesta

¡No tanto! La extensión de la pierna equilibra el conjunto de la postura.

¿De dónde viene la palabra "estrés"?

En su origen provendría del francés *estrece* ("opresión") y del latín *stringere* ("apretar").

Después, el término se hizo inglés (*stress*) y tomó el sentido de "privación"; sirvió para designar presiones que se ejercían en materiales diversos y, justo antes de romperse, se decía que había "stress". Finalmente el término se aplicó a los estados de tensión humana.

Actualmente forma parte de nuestro lenguaje cotidiano.

Recuerde sus nociones de anatomía

El nervio crural se extiende:
a) del fémur hasta la tibia
b) de los gemelos hasta el tobillo
c) de las 2ª, 3ª y 4ª lumbares hasta el psoas ilíaco

• •

Respuesta: c) de las 2ª, 3ª y 4ª lumbares hasta el psoas ilíaco.

Sesión detallada del martes

Brazos flexionados paralelos al suelo

Codos dirigidos hacia arriba

Pies flexionados

Espalda derecha

Piernas en extensión máxima

Consejo profesional:

Es preferible la posición "espalda derecha" en detrimento de la elevación de la pierna.

Pregunta

¿Se puede realizar esta técnica con la espalda pegada a la pared?

Respuesta

¡Sí! Pero con un poco de entrenamiento, intente realizar esta postura sin apoyo.

Recuerde sus nociones de anatomía

El periostio forma parte del hueso:

a) interiormente
b) exteriormente
c) parcialmente

• •

Respuesta: b) el periostio en- vuelve al hueso por fuera.

Postura 4
Estiramiento de las piernas

Descripción

Sentado, con las piernas juntas al frente: levante lo más alto posible una de las piernas exhalando por la boca durante 10 segundos. Inhale suavemente por la nariz cuando cambie de pierna.

Relájese completamente durante unos 10 segundos antes de invertir la posición.

Repetición

Haga 4 series alternadas.

Variante

Flexione la pierna que queda en el suelo, lo que facilita mucho la postura. Repita 4 veces alternando.

¡Viva el manganeso!

Es indispensable, en concentración muy baja, para el funcionamiento de algunas enzimas presentes en todas las células.

En particular, desempeña un papel en la contracción muscular. En este sentido, es importante para el funcionamiento de todas las células del organismo y, por lo tanto, para el de las células nerviosas.

En los países occidentales, las carencias en manganeso son extremadamente raras, sobre todo porque el sulfato de manganeso se utiliza como abono para los alimentos que consumimos.

Se encuentra en las verduras, la piña (ananá) fresca, el té y los cereales integrales.

Entienda su sueño

El sueño es un estado psicológico caracterizado por la inconsciencia, una parte de sueño, una relajación muscular y una desaceleración respiratoria y circulatoria.

Está compuesto por una serie de ciclos que comportan cada uno una fase de sueño lento y una de sueño rápido (o sueño paradójico).

El sueño lento quita la fatiga al organismo y comienza por un estado ligero que se intensifica para desembocar en un sueño lento muy profundo.

El sueño paradójico es el de los sueños con imágenes. Elimina el estrés y se caracteriza por un breve despertar al final de cada ciclo.

Cada ciclo varía de 90 a 100 minutos, lo que suma cuatro ciclos por cada ocho horas de sueño.

Los 4 ciclos del sueño

• El primer ciclo se caracteriza por un sueño intenso y lento, y termina con un corto sueño paradójico.

• El segundo ciclo se caracteriza por un sueño aún más intenso que en el primero; también concluye con un sueño paradójico breve. Este ciclo es el más reparador, ya que la actividad del organismo se desacelera.

• El tercer ciclo es más ligero. Se podría decir que el durmiente, en este ciclo, tiene más reacciones al contexto exterior. Igualmente, acaba con un sueño paradójico más largo.

• El cuarto ciclo se compone de un sueño ligero, pero igualmente más agitado, y termina por una fase de sueño paradójico más importante que el anterior. Es en este ciclo que la temperatura del cuerpo vuelve a aumentar.

¡Evite que llegue el insomnio!

El insomnio crónico a menudo llega a continuación de un insomnio ocasional. El estrés y la ansiedad son factores determinantes para la aparición del insomnio. El ritmo de vida desempeña un papel primordial en este tipo de problema. La mayoría de las azafatas, por ejemplo, están sujetas a trastornos del sueño debido a los cambios de horario.

Sin embargo, no se debe confundir a los "verdaderos" insomnes con los "falsos". Los verdaderos tienden a adormecerse durante el día y a cambios de humor. Los falsos simplemente son durmientes que necesitan menos sueño (a veces sólo de 4 a 5 horas). Afortunadamente, en la actualidad hay técnicas de relajación y sofrología que permiten una mejoría en los estados insomnes.

Programa del miércoles en 15 minutos

Postura 1
Estiramiento general
Hacer 4 estiramientos alternados de 10 segundos cada uno.

Postura 2
Estiramiento de los hombros
Hacer 4 estiramientos alternados de 12 segundos cada uno.

Postura 3
Rotación de la cintura
Hacer 4 estiramientos alternados de 8 segundos cada uno.

Postura 4
Estiramiento de los aductores
Hacer 3 estiramientos de 15 segundos cada uno.

No olvide relajarse completamente respirando lo más lento que pueda entre cada postura.

Levántese lentamente exhalando por la boca al final de la sesión.

La descripción detallada de estas técnicas se encuentra en las páginas siguientes.

Postura 1
Estiramiento general

Descripción

De pie, con un pie apoyado sobre un soporte (silla, taburete, etc.), los brazos elevados en línea con el cuerpo y los dedos entrelazados: estire al máximo los brazos hacia arriba y adelante exhalando por la boca durante 10 segundos. Relájese completamente encorvando la espalda e inhalando suavemente por la nariz igualmente durante 10 segundos. Relájese completamente durante unos 10 segundos antes de invertir la posición.

Repetición

Haga 4 series alternadas.

Variante

Practique la misma postura tomando el puño izquierdo con la mano derecha durante 8 segundos exhalando por la boca. Inhale por la nariz invirtiendo la posición. Repetir 4 veces alternando.

Palmas dirigidas hacia arriba
Nuca prolongando la columna
Espalda recta
Pierna extendida en el eje de la articulación
Pierna flexionada

Consejo profesional:

Los hombros deben estar estirados al máximo hacia atrás.

Pregunta

¿Se puede flexionar ligeramente la pierna de apoyo?

Respuesta

Si le parece realmente difícil extenderla, puede flexionarla, pero cuide que su espalda se mantenga perfectamente recta.

Seis consejos para prevenir las enfermedades cardiovasculares

- **Primeramente, practique con regularidad una actividad física** (que hace descender el colesterol "malo" y aumentar el "bueno") adaptada a su potencial energético, para activar la circulación de la sangre y oxigenar mejor los tejidos.
- **Aliméntese en forma balanceada con una ligera preferencia** por las frutas, pescados o cereales (evite el consumo de grasas saturadas que se encuentran en los quesos o en los embutidos, por ejemplo).
- **Olvídese del estrés justo antes de dormir.**
- **No fume y modere su consumo de alcohol.**
- **Evite a toda costa subir kilos superfluos.**
- **Tómese el tiempo para relajarse.**

Recuerde sus nociones de anatomía

El astrágalo es un hueso:
a) del pie
b) de la pierna
c) de la mano

· ·

Respuesta: a) del pie. El astrágalo forma parte del tarso posterior.

Sesión detallada del miércoles

Mano cubriendo completamente el codo
Cabeza levantada
Mano plana entre los hombros
Espalda derecha
Piernas flexionadas y separadas
Pies paralelos

Consejo profesional:

Desde el principio, coloque el hombro que se flexionará lo más atrás posible.

Pregunta

¿Se puede sostener el brazo en lugar del codo?

Respuesta

Si se hace, los músculos estirados no son los mismos; corresponde a otro ejercicio que realiza un estiramiento más lateral.

Postura 2
Estiramiento de los hombros

Descripción

De pie (o eventualmente sentado), coloque la mano izquierda entre los omóplatos inhalando suavemente por la nariz. Con la otra mano, presione progresivamente el codo izquierdo levantado (para hacer descender al máximo la mano izquierda colocada sobre la espalda) exhalando por la boca durante 12 segundos.

Relájese completamente durante unos 10 segundos antes de invertir la posición de las manos.

Repetición

Haga 4 series alternadas.

Variante

Practique la misma postura con ayuda de un palo (o de un mango de escoba): sosténgalo en su espalda con una mano. En lugar de apoyar una mano en el codo, simplemente haga que lleve el palo hacia abajo, involucrando así también a la otra mano y provocando un estiramiento importante del hombro.

Repita 4 veces alternando.

Recuerde sus nociones de anatomía

Los músculos de la pared anterolateral del tórax comprenden:

a) un plano
b) dos planos
c) tres planos

• •

Respuesta: c) tres planos: un plano profundo, un plano medio y un plano superficial.

¿Cuáles son los mejores alimentos en caso de hipertensión arterial?

Esencialmente las frutas (como los albaricoques o chabacanos, plátanos o bananos, pomelos o toronjas, fresas o frutillas, etc.) y las verduras frescas, pero no conviene dejar de lado las legumbres secas (que contienen potasio, lo que facilita la absorción de sodio).

Consejo: considere disminuir su consumo de sal.

Postura 3
Rotación de la cintura

Descripción

De pie, realice una rotación máxima del tronco estirando un brazo hacia atrás y empujando la pelvis hacia adelante, exhalando por la boca durante 8 segundos.
Inhale suavemente por la nariz regresando a la postura de frente.
Relájese completamente durante unos 10 segundos antes de invertir la posición.

Repetición

Haga 4 series alternadas.

Variante

Realice la misma postura con los brazos flexionados, paralelos al suelo. Repita 4 veces.

Cabeza levantada y rotada
Brazo estirado al máximo
Puño cerrado
Mano sobre el hombro
Brazo flexionado paralelo al suelo
Piernas semi-flexionadas y separadas
Pies paralelos

Consejo profesional:

Mantenga la pelvis de frente; evite a toda costa girarla.

Pregunta

¿Se debe hacer una retroversión de la pelvis (llevada hacia adelante) en caso de fragilidad lumbar?

Respuesta

¡Sí! Es una seguridad suplementaria respecto a la flexión de las piernas.

Calorías diarias necesarias según la edad

Niños:
- Hasta 3 años: 1350 cal
- De 3 a 6 años: de 1350 a 1850 cal
- Hasta 9 años: de 1850 a 2200 cal

Adolescentes:
Varones:
- De 10 a 12 años: 2600 cal
- De 13 a 15 años: de 2600 a 2900 cal
- De 16 a 19 años: de 2900 a 3200 cal
Mujeres:
- De 10 a 12 años: 2300 cal
- De 13 a 15 años: de 2300 a 2500 cal
- De 16 a 19 años: de 2500 a 2800 cal

Adultos:
Hombres:
- Sedentarios: de 2000 a 2600 cal
- Activos: de 2800 a 3700 cal

Mujeres:
- Sedentarias: de 1900 a 2100 cal
- Activas: de 2300 a 3200 cal
- Embarazadas: de 2000 a 3000 cal
- Amamantando: de 2500 a 3000 cal

No olvide que la calidad y la variedad de las calorías ingeridas son tan importantes como su número.

Recuerde sus nociones de anatomía
El bíceps es:
a) el extensor del antebrazo sobre el brazo
b) el extensor del brazo
c) el flexor del antebrazo sobre el brazo

Respuesta: c) el flexor del antebrazo sobre el brazo.

Sesión detallada del miércoles

Espalda derecha ligeramente inclinada

Codos en el interior de las rodillas

Manos sosteniendo los tobillos

Piernas abiertas al máximo

Consejo profesional:

Los talones deben estar lo más cerca posible de la pelvis y quedar inmóviles durante toda la serie.

Pregunta

¿Por qué no colocar las manos en el interior de las rodillas directamente?

Respuesta

Simplemente porque se trata de otra técnica que estira de manera más constante los aductores y que requiere un calentamiento previo.

Recuerde sus nociones de anatomía

El peroné es un hueso:
a) del brazo
b) de la pierna
c) del muslo

• •

Respuesta: b) de la pierna.

Postura 4
Estiramiento de los aductores

Descripción

Sentado en flor de loto, con los talones cerca de la pelvis y los brazos en el interior de las piernas: separe los muslos con los codos ejerciendo una presión continua de 15 segundos y exhalando por la boca. Inhale suavemente por la nariz dejando que se eleven las rodillas.

Relájese completamente durante unos 10 segundos antes de empezar de nuevo.

Repetición

Haga 3 series.

Variante

Apoye las manos sobre una rodilla durante 15 segundos, luego sobre la otra.

Repita 4 veces alternando.

Si el stretching o la relajación no logran relajarlo...

No dude en recurrir a la acupuntura. Basada en el principio del *yin* (elemento hembra) y del *yang* (elemento masculino), esta forma de medicina china se basa en la fuerza vital que circula en el cuerpo. Esta energía cambia con varios factores, sobre todo las estaciones, el medio ambiente, la alimentación, etcétera.

La circulación energética se efectúa en el sentido de las manecillas del reloj y se apoya en el ciclo *Tchone* (ley del origen) y en el ciclo *Ko* (ley de la templanza).

La acupuntura debe realizarla un profesional con experiencia, ya que la colocación errónea de las agujas puede provocar perturbaciones diversas.

Memoria y stretching

Entrene su memoria aprendiéndose cada una de sus sesiones de stretching.

El deporte y la memoria van de la mano. Para progresar en muchas disciplinas deportivas, es importante poseer una memoria aguda.

Las informaciones pasan por tres etapas distintas: la grabación, el almacenamiento y la restitución. En el momento de la grabación se efectúan la comprensión y el análisis del mensaje (extraído de la vista, el tacto o el oído). Es conveniente mantener la memoria ejercitada, ya que ésta disminuye con la edad, sobre todo si no se la entrena. Por lo tanto, es importante concentrarse en la etapa de la grabación lo más pronto posible.

Después de la grabación, se almacena la información.

El sueño desempeña un papel importante en las características mnésicas, así como el procedimiento de repetición de las informaciones.

Finalmente, la fase de restitución a veces es más delicada y a menudo se recurre a detalles, imágenes o recuerdos cercanos, para reconstituir el recuerdo.

En resumen, los procesos de analogía que permiten la mayoría de las veces recuperar la información, son los que decaen con la edad y no el almacenamiento mismo del recuerdo.

La memoria visual a la que recurrimos también se denomina "memoria icónica". Esta información a menudo es "en bruto" y se elimina muy rápidamente. Lo mismo sucede con la memoria auditiva.

No permita que su memoria se oxide: entrénese cada día en concentrarse lo más posible para mantener un nivel satisfactorio de memorización general.

Hay varias formas distintas de memoria:

- memoria inmediata o sensorial;
- memoria a corto plazo;
- memoria a largo plazo.

Invente ejercicios

Entrénese regularmente en ejercitar su memoria recordando, por ejemplo, el mobiliario del amigo al que visitó el día anterior.
También ejercítese regularmente reproduciendo una sucesión de movimientos cuando tome cursos de danza, de artes marciales o de gimnasia...
No dude en aprenderse de memoria una frase recordando palabra por palabra dos días después.
Otro ejercicio consiste en examinar detalladamente la ropa de una persona y en describir esa prenda cuando la persona se haya ido.
Diviértase inventando otras pruebas o actividades...

Programa del jueves en 15 minutos

Postura 1
Estiramiento de la espalda alta
Hacer 4 estiramientos de 8 segundos cada uno.

Postura 2
Estiramiento de la espalda y de la cintura
Hacer 3 estiramientos de 15 segundos cada uno.

Postura 3
Flexión lateral del tronco
Hacer 4 estiramientos alternados de 10 segundos cada uno.

Postura 4
Separación lateral de las piernas
Hacer 4 estiramientos de 15 segundos cada uno.

No olvide relajarse completamente respirando lo más lento que pueda entre cada postura.

Levántese lentamente exhalando por la boca al final de la sesión.

La descripción detallada de estas técnicas se encuentra en las páginas siguientes.

Postura 1
Estiramiento de la espalda alta

Descripción

De pie (o sentado): entrelace los dedos tras la nuca y estire así al máximo los codos hacia atrás durante 8 segundos exhalando lentamente por la boca. Inhale suavemente por la nariz llevando los brazos hacia abajo.

Relájese completamente durante unos 10 segundos antes de empezar de nuevo.

Repetición

Haga 4 series.

Variante

Coloque las manos ligeramente encima de la cabeza en lugar de tras la nuca. Repita 4 veces.

Cabeza levantada

Codos estirados al máximo hacia atrás

Espalda derecha

Brazos paralelos al suelo

Piernas flexionadas

Pies paralelos

Consejo profesional:

Nunca empuje la nuca más que con las manos.

Pregunta

¿Se pueden colocar las manos tras el cráneo en lugar de tras la nuca?

Respuesta

Obviamente es posible, pero la postura es mucho más eficaz si los brazos se colocan lo más abajo que pueda.

Si usted es mujer: determine su medida de cintura/caderas

Para verificar si una mujer presenta un excedente importante, basta con pellizcar la piel a la altura de la cintura. Si la piel excede 1 cm, conviene que se cuide, e incluso, si rebasa 3 cm, que considere una dieta rigurosa.

Mientras tanto, haga esta pequeña prueba:
- Anote la medida de la circunferencia de su cintura.
- Anote la medida de la circunferencia de su cadera (¡sin hacer trampa!).
- Haga el siguiente cálculo:

$$\frac{\text{circunferencia de la cintura}}{\text{circunferencia de la cadera}} = \text{medida de cintura/cadera}$$

Resultado: la medida debe ser inferior a 0.8.

Si es superior al promedio, no dude en consultar a un profesional, ya que puede haber riesgo de algunas enfermedades cardiovasculares, diabetes o hipertensión arterial.

Recuerde sus nociones de anatomía

Las costillas flotantes son:
a) de la 8ª a la 10ª costillas
b) de la 7ª a la 10ª costillas
c) de la 11ª a la 12ª costillas

• •

Respuesta: c) de la 11ª a la 12ª costillas.

Sesión detallada del jueves

Espalda encorvada

Piernas estiradas y un poco separadas

Cabeza relajada

Brazos extendidos

Muñecas flexionadas

Pies paralelos   Manos en el suelo

Consejo profesional:

Tome el tiempo necesario para relajarse por completo.

Pregunta

¿Es preferible flexionar las piernas y tocar el suelo con las manos o conservar las piernas extendidas y no tocar el suelo?

Respuesta

Es mejor no flexionar las piernas.

Recuerde sus nociones de anatomía

El atlas forma parte de las vértebras:
a) dorsales
b) lumbares
c) cervicales

• •

Respuesta: c) cervicales.

Postura 2

Estiramiento de la espalda y de la cintura

Descripción

De pie, flexione lentamente el tronco al máximo hacia adelante hasta que las manos toquen el suelo. Mantenga la fase máxima de extensión durante 15 segundos inhalando por la nariz y exhalando por la boca lo más lentamente que pueda.

Relájese por completo durante unos 12 segundos antes de volver a empezar.

Repetición

Haga 3 series.

Variante

En lugar de colocar las manos en el suelo perpendicularmente, puede adelantarlas lo más lejos posible ante sí.

Si esta postura es demasiado difícil para usted, no dude en separar los brazos y las piernas (esto ayudará).

¡No abuse de la vitamina D!

Esta vitamina, que se encuentra en los alimentos (leche, hígado, huevo, algunos cereales), se llama "calciferol". También se la puede consumir en forma sintética, llamada "ergocalciferol". Se ha constatado que ciertas personas de edad avanzada tienen algunas dificultades en almacenar, e incluso en asimilar, esta vitamina.

Es importante notar que un consumo excesivo de vitamina D puede provocar una intoxicación.

Por el contrario, utilizada oportunamente esta vitamina a veces se receta para eliminar una migraña, un resfriado, una conjuntivitis o incluso una psoriasis.

Por lo tanto, no la consuma de manera anárquica; consulte a su médico de cabecera.

Postura 3
Flexión lateral del tronco

Descripción

De pie, con las piernas separadas (una extendida, la otra fle-xionada): flexione lateralmente el tronco durante 10 segun-dos exhalando por la boca. Inhale por la nariz al erguir el tronco.
Relájese por completo durante unos 10 segundos antes de invertir la posición.

Repetición

Haga 4 series alternadas.

Variante

Tome su tobillo, en lugar de deslizar la mano por la pierna, y flexione el codo; de esta manera el tronco se inclina li-geramente hacia adelante.
Repita 4 veces alternando.

Dedos juntos y extendidos
Brazo extendido
Tronco flexionado
Mano sobre la pantorrilla de la pierna extendida
Pies paralelos

Consejo profesional:

Cuide que las piernas estén suficientemente separadas para optimizar la postura sin inclinar el tronco hacia adelante.

Pregunta

¿Se pueden colocar los pies hacia afuera?

Respuesta

Sí, pero eso constituye una variante más fácil que la postura básica.

Algunos beneficios de la actividad física

• Algunos médicos aseguran que la actividad física, al con-trolar la producción de estrógenos, podría tener una influencia benéfica en la prevención de ciertos cánceres, en particular en el del seno.
• La práctica de un deporte reduce los riesgos de enferme-dades cardiovasculares al reforzar el aparato cardiaco y au-mentar el número de lipoproteínas (combinación de una proteína y un lípido), lo que ayuda a disminuir la presión arterial.
• Asimismo, el funcionamiento del aparato respiratorio me-jora debido al control y la resistencia de la respiración que resulta de un entrenamiento bien efectuado.
• El esfuerzo físico ayuda al cuerpo en la utilización de la insulina.
• La práctica de la flexibilidad también permite conservar o mejorar una amplitud articular apreciable hasta el final de la vida y, así, mantenerse autónomo el mayor tiempo posible.

Recuerde sus nociones de anatomía
El tensor de la fascia lata es:
a) el flexor de la pierna
b) el extensor de la pierna
c) el aductor de la pierna

• •

Respuesta: a) es, para ser pre-cisos, el flexor accesorio de la pierna.

Sesión detallada del jueves

Pies flexionados

Piernas en hiperextensión

Codos flexionados hacia el exterior

Cabeza en el suelo

Consejo profesional:

Separe las piernas llevándolas más bien hacia el tronco que hacia atrás para evitar cualquier riesgo de arqueo lumbar.

Pregunta

¿Se puede levantar la cabeza para realizar este ejercicio?

Respuesta

¡Es mejor evitarlo! Sin embargo, su cabeza puede reposar sobre uno o varios cojines.

Recuerde sus nociones de anatomía

Los músculos estriados son músculos de contracción:
a) rápida
b) lenta
c) mixta

· ·

Respuesta: a) dependen de la voluntad y se inervan por medio del sistema nervioso central.

Postura 4
Separación lateral de las piernas

Descripción

Acostado boca arriba, con las piernas separadas y elevadas: sepárelas al máximo con las manos durante 15 segundos inhalando y exhalando suavemente por la nariz. Los pies están flexionados.

Relájese por completo doblando las piernas hacia el pecho durante unos 12 segundos antes de empezar de nuevo.

Repetición

Haga 4 series.

Variante

Practique la misma postura con los pies extendidos. Repita 4 veces alternando.

Para mayor comodidad, su nuca puede reposar sobre un cojín.

¡Cuide sus músculos!

• **Después de una larga caminata, una carrera o un partido de tenis, relaje sus músculos dándoles masaje regularmente con suavidad, sobre todo si siente una zona adolorida.**

• **Recuerde también vestir prendas calientes si se entrena en el exterior. Evite los pantalones demasiado ajustados.**

• **No olvide que un peso excesivo no sólo cansa las articulaciones, sino también el conjunto de la masa muscular.**

• **Aprenda a conocer su cuerpo y a eliminar cualquier ejercicio que pueda acentuar una fragilidad o deformación articular o muscular.**

Con ese fin, consulte a un especialista en medicina deportiva, así como a un terapeuta, que le aconsejarán mejor sobre las técnicas o tipos de entrenamiento que debe eliminar en función de sus capacidades y su morfología.

Hablemos de grasa...

Grasa, ¡palabra odiosa!

Sin embargo, no hay que olvidar que es indispensable para el buen funcionamiento del organismo, que la utiliza para la elaboración de las membranas celulares, la termorregulación, el funcionamiento del sistema nervioso, la reproducción, los ciclos menstruales y la transferencia de vitaminas.

Un mínimo de 15% del conjunto de la masa del cuerpo debe ser graso.

Si desea conocer su nivel de grasa, calcule su IMC (índice de masa corporal). Esta prueba puede realizarla un fisioterapeuta, un médico o un entrenador deportivo.

No siempre hay que incriminar a los perjuicios de la edad si muchos individuos inexorablemente aumentan de peso conforme envejecen, incluso si a los 40 años se queman por día 350 calorías menos que a los 20 años. Conviene más culpar al sedentarismo y a la falta de actividad.

En efecto, incluso si el metabolismo se desacelera, más bien es la falta de mantenimiento de la masa muscular y el descuido de aporte calórico lo que provoca ese deterioro corporal.

Así, los famosos kilos que se supone que uno aumenta después de los 45 años no son una fatalidad: basta con acudir a los cursos de gimnasia o de danza en los centros de acondicionamiento físico, para ver a cincuentonas de cuerpos delgados y finos.

Es importante no eliminar completamente las grasas (como la mantequilla o el aceite de oliva) de su alimentación, sino consumirlas con moderación, practicando al mismo tiempo una actividad física regular, cualquiera que ésta sea.

No olvide que la grasa es menos densa que el músculo y, por lo tanto, a peso igual ocupa más espacio que este último.

Vigile esos kilos de más

Es inútil agregar un peso innecesario a sus articulaciones, las cuales deben soportar una tensión de 2.5 a 10 veces superior a la que corresponde al peso del cuerpo.

Así, algunas zonas articulares soportan una tensión de más de una tonelada en el contexto de ciertas actividades físicas.

Entonces elimine un poco de masa grasa para prevenir o aliviar un estado artrítico.

Programa del viernes en 15 minutos

Postura 1

Relajación y estiramiento dorsal
Hacer 3 estiramientos de 10 segundos cada uno.

Postura 2

Estiramiento del tronco
Hacer 4 estiramientos de 15 segundos cada uno.

Postura 3

Estiramiento del tronco y de los aductores
Hacer 4 estiramientos alternados de 12 segundos.

Postura 4

Estiramiento de las piernas
Hacer 4 estiramientos alternados de 15 segundos.

No olvide relajarse completamente respirando lo más lento que pueda entre cada postura.

Levántese lentamente exhalando por la boca al final de la sesión.

La descripción detallada de estas técnicas se encuentra en las páginas siguientes.

Sesión detallada del viernes

Postura 1
Relajación y estiramiento dorsal

Cabeza hacia abajo

Brazos flexionados

Piernas flexionadas y separadas

Codos dirigidos hacia arriba

Pies paralelos

Descripción

De pie, curve la totalidad de la espalda durante 10 segundos exhalando por la boca. Enderece la espalda suavemente, inhalando por la nariz durante 6 segundos.
Relájese por completo durante unos 10 segundos antes de empezar de nuevo.

Repetición

Haga 3 series.

Variante

Practique el mismo movimiento dorsal con las palmas y los metatarsos sobre el suelo (a gatas). Repita 4 veces.

Consejo profesional:

Encorve la espalda
en su totalidad
y no parcialmente.

Pregunta

¿Se pueden estirar las piernas con esta técnica?

Respuesta

Sí, pero si son sus primeras sesiones de stretching, es preferible elegir la postura básica con las piernas flexionadas.

La obesidad en cifras

¡El mundo industrializado tiene 150 millones de personas obesas! En Estados Unidos, por ejemplo, el 55% de los adultos sufre de un exceso de peso (es decir, de casi 97 millones de individuos, hay 39 millones de obesos). La obesidad se debe al estilo de vida muy sedentario, a una alimentación demasiado rica y desequilibrada y... a la falta de voluntad.
En México, 38% de la población urbana se clasificó como preobesa y 21% como obesa. Los hombres parecen tener una mayor incidencia de preobesidad que las mujeres, aunque son ellas las que muestran los valores más altos de obesidad. Ambas categorías se incrementan con la edad.
La obesidad y el sobrepeso son considerados problemas de salud pública en América Latina. En la región unas 200 mil personas mueren al año a causa de complicaciones derivadas del sobrepeso.

Recuerde sus nociones
de anatomía
La mano se compone de:
a) dos grupos óseos
b) tres grupos óseos
c) cuatro grupos óseos

• •

Respuesta: b) la mano se compone de tres grupos óseos: el carpo, el metacarpo y las falanges.

Sesión detallada del viernes

Cabeza colgando hacia abajo

Piernas estiradas

Brazos extendidos

Pies paralelos

Consejo profesional:

No se trata de colocar la frente sobre la pierna con la espalda encorvada, sino de poner el vientre sobre el muslo manteniendo la espalda perfectamente recta.

Pregunta

¿Se deben separar las piernas al máximo?

Respuesta

Si le es posible, sí. Pero cuide que los pies se mantengan paralelos.

Recuerde sus nociones de anatomía

El disco intervertebral es una lente:
a) fibrocartilaginosa
b) cartilaginosa
c) fibrosa

• •

Respuesta: b) cartilaginosa.

Postura 2
Estiramiento del tronco

Descripción

De pie, con las piernas separadas, flexione al máximo el tronco hacia la pierna izquierda durante 15 segundos inhalando por la nariz y exhalando por la boca lo más lentamente que pueda.

Relájese por completo durante unos 10 segundos antes de invertir la posición.

Repetición

Haga 4 series alternadas.

Variante

Practique la misma postura con los pies hacia afuera. Repita 4 veces.

Con algunas posturas siente más acidez estomacal que de costumbre. ¿Qué hacer en estos casos?

Primero, consulte a su médico, pero sepa sin embargo que actualmente existen medicamentos digestivos que recubren las paredes del estómago para protegerlas de la acidez. En general, están hechos a base de goma o de barro. También existen antiácidos que sirven para neutralizar el ácido clorhídrico producido por el estómago. La mayoría de las veces estos últimos contienen fósforo y sales minerales.

¿Son eficaces todos estos productos? ¡Sí! Sin duda alguna. Además, actúan muy rápidamente. De cualquier modo, su acción es puntual y los malestares se manifiestan desde que se suspende el uso. Los especialistas recomiendan no tomarlos durante un periodo largo debido a que pueden ocasionar ciertos tipos de problemas renales.

No dude en suprimir algunas posturas de stretching si piensa que acentúan indirectamente sus problemas intestinales, incluso si por otra parte le parecen benéficos.

Sesión detallada del viernes

Postura 3
Estiramiento del tronco y de los aductores

Brazos en extensión máxima

Cabeza hacia abajo

Pies sobre el mismo eje

Tibia apoyada en el suelo

Palmas sobre el suelo de cada lado de la pierna extendida lo más posible

Descripción

De rodillas, estire la pierna derecha adelante (colocada en el eje de su articulación), flexione al máximo el cuerpo hacia esta pierna durante 12 segundos inhalando por la nariz y exhalando por la boca lo más lento que pueda. Relájese por completo durante unos 10 segundos antes de invertir la posición.

Repetición

Haga 4 series alternadas.

Variante

Invierta la posición de las piernas; flexione la pierna delantera y extienda la pierna trasera.
Repita 4 veces alternando.

Consejo profesional:

Evite a toda costa encorvar la espalda. El vientre y el pecho son los que deben tocar la pierna, no la frente.

Pregunta

¿La postura es muy distinta si se levanta la planta del pie delantero apoyándose sobre el talón?

Respuesta

Sí; el estiramiento ya no es exactamente el mismo, ¡es más fácil! Esta posición puede ser una variante suplementaria.

¡Viva la caminata!
La actividad física que más se practica

Cuando camine por la ciudad, trate de pensar en:
– mantenerse erguido;
– adoptar un ritmo de paso regular;
– calzar zapatos con tacón de 2 a 5 cm de altura (¡no más!);
– equilibrar el peso que lleve en cada mano (o en adoptar las mochilas de espalda, con correas bien adaptadas a su morfología);
– mirar hacia el frente y no hacia arriba;
– efectuar un balanceo de los brazos con ritmo y no dejar que la parte superior del cuerpo siga con una inercia total.

Es importante caminar por lo menos durante media hora, con un paso regular, para un acondicionamiento físico moderado.

Recuerde sus nociones de anatomía

La columna vertebral comporta:
a) de 30 a 33 vértebras
b) de 33 a 35 vértebras
c) de 34 a 36 vértebras

• •

Respuesta: b) de 33 a 35 vértebras.

Sesión detallada del viernes

Pierna flexionada

Talón cerca del glúteo

Pie flexionado, talón en el suelo

Palma sobre el suelo

Cabeza sobre el suelo

Pierna extendida completamente en contacto con el suelo

Consejo profesional:

Mantenga la espalda recta perfectamente inmóvil al regresar la pierna.

Pregunta

¿Por qué se debe colocar el talón de la pierna flexionada lo más cerca posible de la pelvis?

Respuesta

Simplemente para evitar cualquier riesgo de arqueo lumbar.

Recuerde sus nociones de anatomía

Existen varias clases de tejidos en el cuerpo humano. ¿Cuántas?

a) dos
b) tres
c) cuatro

• • • • • • • • • • • • • • • • • • • •

etcétera).
(óseos, musculares, nerviosos, juntivos y los tejidos especializados tejidos epiteliales, los tejidos con- **Respuesta:** b) tres. Existen los

Postura 4
Estiramiento de las piernas

Descripción

Boca arriba, con la pierna izquierda flexionada, lleve con la mano derecha la pierna derecha extendida hacia el lado. Mantenga la extensión máxima durante 15 segundos inhalando por la nariz y exhalando por la boca lo más lentamente que pueda.

Relájese por completo durante unos 10 segundos antes de cambiar de lado.

Repetición

Haga 4 series alternadas.

Variante

Levante del suelo el pie de la pierna en extensión. Repita 4 veces alternando.

Para mayor comodidad, puede reposar su nuca sobre un cojín.

¡Coma pescado!

Una alimentación balanceada de buena calidad otorga un lugar importante al pescado. De hecho, se ha comprobado que el consumo de pescado graso disminuye la tasa de colesterol "malo", proporcionando al mismo tiempo el "bueno". El consumo de ácidos grasos omega-3 que contiene el pescado provoca una actividad benéfica para el funcionamiento cardiaco. Reduce la hipertensión. Investigaciones estadounidenses recientes comprobaron que la absorción regular de pescado permite impedir la formación de placas de ateroma (degeneración grasosa de la capa interna de las arterias) y reducir el riesgo de obstrucción vascular cerebral (los ácidos grasos polisaturados omega-3 influyen benéficamente en la destrucción de los coágulos sanguíneos que este traumatismo provoca). Sin embargo, no se pretende suprimir la carne, que posee igualmente numerosos elementos indispensables para el organismo. Se deben consumir por semana al menos 230 g de pescado. Prepárelo cocido en agua, al vapor y, sobre todo, ¡no lo fría!

Hablemos de várices...

El término *várices* se utiliza a menudo erróneamente. Casi el 15% de la población sufre de esta calamidad.

Se trata de la dilatación de las venas de los miembros inferiores. Sin embargo, se deben distinguir las várices superficiales, muy visibles y poco estéticas (en los casos extremos, se estanca sangre coagulada en el interior de las venas varicosas, y la piel toma un aspecto pigmentado con pequeños vasos rojos y zonas con edemas), de las várices profundas, invisibles, pero que revelan su presencia a través de pequeñas dilataciones varicosas. En general, van acompañadas de calambres, pesadez y tensión en las piernas.

Puede haber complicaciones, como la ruptura de una vena que desemboca en una hemorragia o una paraflebitis.

Por supuesto, la prevención consiste en llevar una vida saludable, pero también en dormir con las piernas en alto.

La mayoría de las veces los médicos recetan estimulantes de la circulación, medicamentos que mejoran el estado de los capilares o protectores de venas.

Es importante practicar regularmente, y de preferencia antes de dormir, ejercicios específicos para mejorar la circulación sanguínea (todos los ejercicios con las piernas en alto).

Evitar a toda costa:

- calefacción en el suelo,
- exponerse al sol,
- subir de peso,
- vestimenta ajustada,
- deportes violentos,
- estar mucho tiempo de pie,
- abusar del tabaco,
- alcohol y grasas cocidas.

Plantas aconsejadas para mejorar la circulación sanguínea:

- viña roja,
- hamamelis,
- castaño de Indias,
- brusco o arrayán,
- hiedra,
- roble,
- grosella negra,
- nogal,
- ciprés,
- limonero,
- melisa.

Programa del sábado en 15 minutos

Postura 1
Estiramiento y relajación de la nuca
Hacer 4 estiramientos de 10 segundos cada uno.

Postura 2
Estiramiento de los hombros
Hacer 4 estiramientos alternados de 30 segundos cada uno.

Postura 3
Estiramiento de la cintura
Hacer 4 estiramientos alternados de 10 segundos cada uno.

Postura 4
Estiramiento de las piernas
Hacer 4 estiramientos alternados de 15 segundos cada uno.

No olvide relajarse completamente respirando lo más lento que pueda entre cada postura.

Levántese lentamente exhalando por la boca al final de la sesión.

La descripción detallada de estas técnicas se encuentra en las páginas siguientes.

Sesión detallada del sábado

Postura 1
Estiramiento y relajación de la nuca

Manos en la parte inferior de la cabeza
Dedos entrelazados
Hombros relajados
Codos dirigidos hacia abajo
Espalda ligeramente curvada
Piernas flexionadas
Pies paralelos

Descripción

De pie (o sentado), apoye las manos con suavidad y progresivamente sobre la cabeza durante 10 segundos exhalando por la boca. A continuación enderece suavemente la cabeza inhalando por la nariz.
Relájese por completo unos 10 segundos antes de empezar de nuevo.

Repetición

Haga 4 series.

Variante

Realice la misma postura colocando las manos en la parte más alta del cráneo.
Repita 4 veces alternando.

Consejo profesional:

Ejerza una presión continua y progresiva; evite hacer muelle.

Pregunta

¿Por qué apoyar las manos sobre la cabeza y no sobre la nuca directamente?

Respuesta

Para obtener un estiramiento eficaz a nivel de las vértebras cervicales. En efecto, es mejor ejercer una presión sobre la cabeza para redondear al máximo las vértebras cervicales sin traumatismos.

Recuerde sus nociones de anatomía

¿A qué nivel se sitúan los músculos cutáneos?
a) en el cuello
b) en la frente
c) en la cara

• • • • • • • • • • • • • • • • • • • •

Respuesta: c) en la cara. Son los músculos de la nariz, de los labios, del pabellón de la oreja, de los párpados y de las cejas.

¡Infalible para sentirse en forma!

¿Desea una condición física a prueba de todo? Aquí está la fórmula mágica:
1. Llevar una alimentación sana y equilibrada.
2. Respetar sus periodos de sueño.
3. Tener una actividad física en que haga partícipe el aparato cardiovascular, como el bajo impacto, los aerobics, correr, etc., para quemar la mayor cantidad de calorías y reforzar el corazón y los pulmones (también permite regular la cantidad de colesterol, disminuir el estrés, mantener una buena presión arterial). Una vez por semana.
4. Practicar el fisicoculturismo o las pesas: indispensable para mejorar la calidad y la adaptabilidad de la masa muscular al esfuerzo. Dos veces por semana.
5. Hacer stretching: esencial para mantener la amplitud articular y retardar el envejecimiento de las articulaciones. 15 minutos por día bastan.
6. Consentirse con un masaje relajante del cuerpo o un masaje linfático, el paraíso físico y psicológico durante una hora. Una vez al mes.

Sesión detallada del sábado

Cabeza levantada

Mano derecha entre los omóplatos

Mano izquierda lo más arriba posible

Espalda derecha

Piernas flexionadas

Pies paralelos

Consejo profesional:

Tómese el tiempo necesario para llevar la mano superior lo más abajo que pueda antes de tomar la otra.

Pregunta

En caso de dificultad para cruzar las manos, ¿cómo se puede hacer?

Respuesta

Ayúdese colocando un palo o una correa sobre la espalda, en una posición idéntica, y acerque una mano hacia la otra progresivamente.

Recuerde sus nociones de anatomía

Los músculos abdominales son:
a) dos
b) cuatro
c) cinco

● ●

verso.
yor, el oblicuo menor y el trans-
el derecho mayor, el oblicuo ma-
Respuesta: b) cuatro. Incluyen:

Postura 2
Estiramiento de los hombros

Descripción

De pie (o sentado), levante su brazo derecho. Coloque la mano derecha entre los omóplatos, lo más abajo posible. A continuación eleve su antebrazo izquierdo a la mitad de la espalda para tomar sus dedos. Mantenga la postura durante 30 segundos. Inhale y exhale lo más lento que pueda durante toda serie.

Relájese completamente durante unos 12 segundos antes de invertir la posición.

Repetición

Haga 4 series alternadas.

Variante

Coloque de manera idéntica su mano derecha entre los omóplatos. Apoye su mano izquierda sobre el codo derecho durante 10 segundos exhalando por la boca antes de invertir. Repita 4 veces alternando.

Calorías que debe consumir una mujer

En esta tabla encontrará un ejemplo del número de calorías que debería consumir diariamente, de acuerdo con su estatura y su peso.

Estatura (en m)	Peso (en kg)	Actividad sedentaria (en cal)	moderada	media	alta
1.50	43	1 045	1 235	1 425	1 710
1.52	45	1 100	1 300	1 500	1 800
1.55	48	1 155	1 365	1 575	1 890
1.57	50	1 210	1 430	1 650	1 980
1.60	52	1 265	1 495	1 725	2 070
1.62	55	1 320	1 560	1 800	2 160
1.65	57	1 375	1 625	1 875	2 250
1.67	60	1 430	1 690	1 950	2 340
1.70	62	1 485	1 755	2 025	2 430
1.72	63	1 540	1 840	2 100	2 520
1.75	66	1 595	1 885	2 175	2 610
1.77	68	1 650	1 950	2 250	2 700
1.80	70	1 705	2 015	2 325	2 790
1.82	72	1 760	2 080	2 400	2 880

Postura 3
Estiramiento de la cintura

Descripción

De pie y con las piernas separadas, cruce la pierna derecha estirada detrás de la izquierda flexionada, levante el brazo derecho. Flexione así al máximo la cintura hacia la izquierda durante 10 segundos exhalando por la boca. Inhale suavemente por la nariz al erguir el tronco. Relájese unos 10 segundos antes de invertir la posición.

Repetición

Haga 4 series alternadas separando cada vez un poco más las piernas.

Variante

Realice la misma postura, pero con la pierna flexionada atrás. Repita 4 veces alternando.

Brazo levantado y extendido al máximo
Cabeza levantada, de frente
Hombros de frente
Cintura flexionada al máximo
Mano en la cintura
Pierna delantera flexionada
Pierna trasera extendida
Pies paralelos

Consejo profesional:

Separe al máximo las piernas, sin flexionar el tronco hacia adelante.

Pregunta

¿Puede uno apoyarse con la mano sobre un soporte para realizar esta postura?

Respuesta

Sí. Eso no afecta de ninguna manera a la técnica, pero tampoco ayuda a mejorar el equilibrio.

Lo que no debe hacer antes, durante y después de su sesión de stretching

Antes:
– No hidratarse lo suficiente.
– Ejercitarse después de haber comido copiosamente.

Durante:
– Ejercitarse en un estado de fatiga intenso.
– Trabajar en un ambiente demasiado frío o húmedo.
– No disponer del tiempo suficiente para entrenarse y hacer la sesión precipitadamente.
– No vestir ropa holgada para entrenarse.
– Ver la televisión durante el entrenamiento.
– Escuchar música dinámica mientras se ejercita.

Después:
– Correr o practicar un ejercicio dinámico.

Recuerde sus nociones de anatomía
¿Qué es el diafragma?
a) una separación muscular
b) una barrera músculotendinosa
c) una barrera óseocartilaginosa

• •

Respuesta: b) el diafragma es una barrera músculotendinosa que separa la cavidad torácica de la cavidad abdominal.

Sesión detallada del sábado

Hombros estirados hacia atrás
Cabeza levantada
Pie flexionado
Espalda derecha
Pierna extendida
Pie perpendicular al soporte

Consejo profesional:

Mantenga las piernas en el eje de su articulación.

Pregunta

¿Se puede rotar el pie de apoyo hacia afuera?

Respuesta

Sí, pero en ese caso el estiramiento involucra a otros grupos musculares.

Recuerde sus nociones de anatomía

Los músculos esternocleidohioideo y el omohioideo se sitúan en:
a) la cara
b) los hombros
c) el cuello

· ·

Respuesta: c) en el cuello.

Postura 4
Estiramiento de las piernas

Descripción

De pie, apoye una pierna delante de usted sobre un soporte, perfectamente colocada en el eje de su articulación. A continuación, desplace la pierna de apoyo progresivamente hacia atrás. Mantenga la separación máxima 15 segundos inhalando por la nariz y exhalando con suavidad por la boca.

Relájese completamente durante unos 20 segundos antes de invertir la posición.

Repetición

Haga 4 series alternadas.

Variante

Realice la misma postura colocando los pies paralelos al apoyo (manteniendo el tronco de frente).
Esta variante es más difícil de realizar que la postura inicial. Repita 4 veces alternando.

¿En ocasiones sufre de crisis de asma durante un ejercicio físico?

¡No es el único! Hoy en día, una de cada 10 personas padece asma.

En caso de crisis durante una actividad física, los especialistas aconsejan:

– respirar únicamente por la nariz;

– practicar un calentamiento físico progresivo y bastante largo,

– tomar sus medicinas aproximadamente 5 minutos antes de empezar a ejercitarse.

La natación es uno de los deportes que se recomiendan a las personas que padecen asma.

Programa de un mes

Segunda semana

Programa del lunes en 15 minutos

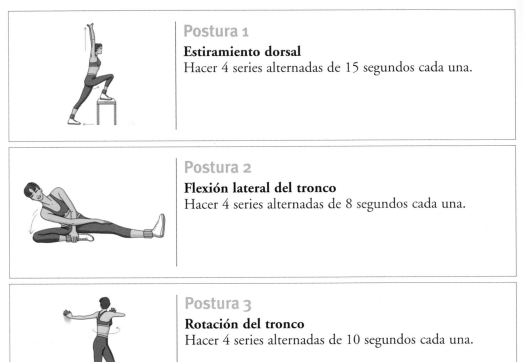

Postura 1
Estiramiento dorsal
Hacer 4 series alternadas de 15 segundos cada una.

Postura 2
Flexión lateral del tronco
Hacer 4 series alternadas de 8 segundos cada una.

Postura 3
Rotación del tronco
Hacer 4 series alternadas de 10 segundos cada una.

Postura 4
Estiramiento de los aductores
Hacer 3 series de 15 segundos cada una.

No olvide relajarse completamente respirando lo más lento que pueda entre cada postura.

Levántese lentamente exhalando por la boca al final de la sesión.

La descripción detallada de estas técnicas se encuentra en las páginas siguientes.

Postura 1
Estiramiento dorsal

Descripción

De pie, con los brazos levantados, un pie en el suelo y el otro apoyado en un soporte (silla, mueble, taburete, etc.): empuje la pelvis hacia adelante durante 15 segundos inhalando por la nariz y exhalando por la boca, lo más lentamente que pueda.

Relájese completamente durante unos 10 segundos antes de invertir la posición. A continuación, colóquese nuevamente en la posición, alejando el pie de apoyo cada vez un poco más del soporte.

Repetición

Haga 4 series alternadas.

Variante

Realice la misma postura colocando el pie de apoyo paralelo al soporte.
Repita 4 veces alternando.

Dedos entrelazados — Palmas dirigidas hacia el exterior — Brazos extendidos al máximo — Cabeza levantada — Pierna flexionada — Pierna extendida — Pies perpendiculares al soporte

Consejo profesional:

No incline el tronco hacia adelante: conserve la espalda lo más derecha posible.

Pregunta

¿Se puede flexionar ligeramente la pierna de apoyo?

Respuesta

Sí. Sin embargo, si se aminora la dificultad, se aminora igualmente la eficacia de la técnica.

Recuerde sus nociones de anatomía

El grupo muscular anterior del muslo está formado por el cuádriceps estructurado en cuatro partes: el vasto interno, el vasto externo, el recto anterior y:
a) el crural
b) el recto interno
c) la pactina

Respuesta: a) el crural.

Calorías y materias grasas			
Aporte calórico por día	Correspondencia en peso de las proporciones de materia grasa		
	20%	25%	30%
1500 cal	32 g	42 g	50 g
1600 cal	35 g	44 g	52 g
1700 cal	38 g	46 g	54 g
1800 cal	40 g	48 g	56 g
1900 cal	42 g	50 g	58 g
2000 cal	44 g	52 g	60 g
2100 cal	47 g	54 g	62 g
2200 cal	49 g	56 g	64 g
2300 cal	51 g	58 g	66 g
2400 cal	53 g	60 g	68 g
2500 cal	55 g	62 g	70 g
2600 cal	57 g	64 g	72 g

Sesión detallada del lunes

Cabeza levantada

Espalda recta

Pierna extendida

Pie flexionado

Talón lo más cerca
posible de la pelvis

Consejo profesional:

Es mejor mantener la inclinación lateral del cuerpo que forzar la flexión hacia adelante; esta técnica tiene como objetivo un estiramiento lateral de la cintura más que hacia adelante.

Pregunta

¿Se debe empujar la rodilla de la pierna flexionada al máximo hacia atrás?

Respuesta

¡Sí! Mientras más posicionada esté hacia atrás, más eficaz será la técnica.

Recuerde sus nociones de anatomía

El largo del esternón de un hombre adulto promedio es de:
a) 12 cm
b) 15 cm
c) 20 cm

• •

Respuesta: c) 20 cm (dimensión que varía, por supuesto, con la estatura de los individuos).

Postura 2
Flexión lateral del tronco

Descripción

Sentado, con las piernas separadas al máximo (una pierna doblada, la otra extendida), rodee la rodilla izquierda con la mano derecha y tome el pie derecho (o la tibia derecha) con la mano izquierda. Flexione así el tronco al máximo hacia la pierna derecha durante 8 segundos exhalando por la boca. Inhale suavemente por la nariz irguiéndose por completo.

Relájese completamente durante unos 10 segundos antes de invertir la posición.

Repetición

Haga 4 series alternadas.

Variante

Practique la misma postura despegando el talón de la pierna extendida con ayuda de la mano.
Repita 4 veces alternando.

Dormir en una buena cama

Un ser humano pasa en promedio un tercio de su vida durmiendo, es decir aproximadamente 220000 horas. En la posición acostada, la columna recupera poco a poco su tamaño inicial. Así, todo el cuerpo puede relajarse y finalmente las articulaciones soportar menos presiones. Por lo tanto, es indispensable elegir un colchón firme y de buena calidad. Es difícil que se relajen los músculos en una cama suave. Uno se arriesga a despertarse anquilosado y contraído, en un estado de fatiga latente.

¿Hay que dormir con una almohada? Los especialistas aconsejan una pequeña almohada adecuada perfectamente a la lordosis cervical y que permita una verdadera relajación de los músculos del cuello.

Postura 3
Rotación del tronco

Cabeza vuelta al máximo
Espalda en rotación
Manos en la pared
Piernas flexionadas y separadas
Pies paralelos perpendiculares a la pared

Descripción

De pie, gire la espalda hacia una pared, realice una rotación máxima del tronco hacia la izquierda (manteniendo el brazo izquierdo estirado, la mano izquierda en la pared y el brazo derecho flexionado, con la mano derecha también en la pared). Mantenga la posición durante 10 segundos exhalando lentamente por la boca. Inhale por la nariz al regresar el tronco al frente.

Relájese completamente durante unos 10 segundos antes de invertir la posición.

Repetición

Haga 4 estiramientos alternados.

Variante

Realice la misma técnica colocándose de rodillas (piernas separadas).
Repita 4 veces alternando.

Consejo profesional:

Conserve la pelvis de frente. Evite especialmente desviar las rodillas del eje.

Pregunta

¿A qué distancia hay que colocarse de la pared?

Respuesta

A unos 20 cm aproximadamente.

¿Cuál es la mejor posición para dormir?

Es la posición fetal, con la cabeza ligeramente elevada sobre una almohada.

En general, la posición boca arriba no permite una relajación muscular óptima, sobre todo de la nuca (hay que elegir una pequeña almohada bien adaptada a su morfología).

En cuanto a la posición boca abajo, debe eliminarse, ya que no permite que los músculos lumbares descansen y las más de las veces la nuca se encuentra, así, completamente rígida.

Recuerde sus nociones de anatomía

Los gemelos son músculos que constituyen:
a) una parte del muslo
b) una parte de la cadera
c) una parte de las pantorrillas

· ·

Respuesta: c) una parte de las pantorrillas.

Sesión detallada del lunes

Espalda recta
Cabeza hacia abajo
Piernas separadas al máximo
Pies en descanso
Palmas en el suelo
Tibias en el suelo
Antebrazos apoyados en el suelo, alineados con los hombros

Consejo profesional:

Conserve la espalda lo más recta posible.

Pregunta

¿Se puede uno apoyar en las manos en lugar de en los antebrazos?

Respuesta

¡Sí! Pero la técnica es un poco menos eficaz y el riesgo de arqueo aumenta.

Recuerde sus nociones de anatomía

Los ligamentos vertebrales comunes anteriores y posteriores (a lo largo de la columna vertebral) se insertan:
a) del occipital hasta el sacro y el cóccix
b) del occipital a la 5ª vértebra lumbar
c) de la 1ª cervical al cóccix

• •

Respuesta: a) del occipital hasta el sacro y el cóccix.

Postura 4
Estiramiento de los aductores

Descripción

De rodillas, lleve el tronco hacia adelante colocando los antebrazos en el suelo. Separe las piernas al máximo. Quédese así, separando los aductores al máximo durante 15 segundos, inhalando por la nariz y exhalando por la boca. Relájese completamente durante unos 12 segundos antes de empezar de nuevo.

Repetición

Haga 3 series.

Variante

Realice la misma técnica estirando los brazos hacia adelante.
Repita 3 veces.

¿Cuáles son las defensas naturales del organismo?

El primer sistema de defensa es un sistema enzimático que elimina los radicales libres. La enzima más conocida es el súper óxido dismutasa (SOD). Es importante tener una alimentación balanceada, ya que esas enzimas necesitan oligoelementos (zinc, cobre, manganeso, selenio) para ser eficaces.

El segundo sistema de defensa está constituido por las vitaminas E, A y C. Se unen a los radicales libres para neutralizarlos mejor y generan entonces moléculas estables. Es obvio que cuando el organismo debe encarar un esfuerzo suplementario, por ejemplo en el marco de la digestión o de la realización de un esfuerzo físico, le es más difícil luchar contra las reacciones radicales.

El automóvil y la columna vertebral...

Seguramente ya le ha sucedido... ir manejando en el auto con la ventana abierta y... ¡terminar con tortícolis!

En efecto, una corriente de aire puede originar este tipo de traumatismos en un individuo que presente una debilidad en la zona cervical.

Pero no es el único inconveniente.

Los largos trayectos en automóvil acentúan las cifosis (curvaturas de convexidad posterior de la columna vertebral dorsal) y las vibraciones causan microtraumatismos vertebrales, lo que produce a su vez zonas vulnerables. Asimismo, los gestos repetitivos en el espacio exiguo de un automóvil (principalmente las rotaciones) pueden causar una alteración del equilibrio de las vértebras lumbares, sacroiliacas o del sacro.

No olvide que en cada curva, los músculos, articulaciones y discos lumbares soportan numerosas tensiones; de ahí la importancia de manejar erguido, con la espalda pegada al asiento.

También puede haber una mala ejecución de los movimientos; por ejemplo, pisar el embrague o *clutch* sólo debe involucrar a las rodillas y los tobillos, mas no a las caderas.

Asimismo, cuide la manera en la que entra y sale de su vehículo: entre sin rotación del tronco y tome el tiempo necesario para instalarse bien; salga por completo después de haber sacado sus piernas al exterior.

Importante

Si realiza largos trayectos en automóvil, deténgase cada dos horas para:
- descansar,
- hidratarse,
- estirar suavemente todas las partes del cuerpo.

¡Relájese!

Para relajar su nuca, realice lentas circunvoluciones de la cabeza hacia un sentido y luego en el otro. Estire la cabeza hacia arriba durante por lo menos 10 segundos para reestablecer los espacios intervertebrales. Practique rotaciones de los tobillos y de las muñecas en un sentido y luego en el otro, para relajar y desatar las articulaciones.
Y lo más importante: lleve lentamente la pelvis hacia adelante para disminuir o mitigar eventuales dolores lumbares.

Programa del martes en 15 minutos

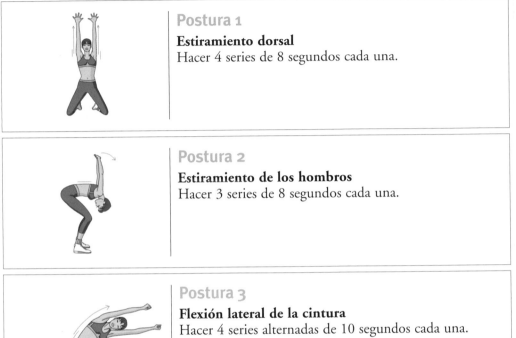

Postura 1
Estiramiento dorsal
Hacer 4 series de 8 segundos cada una.

Postura 2
Estiramiento de los hombros
Hacer 3 series de 8 segundos cada una.

Postura 3
Flexión lateral de la cintura
Hacer 4 series alternadas de 10 segundos cada una.

Postura 4
Estiramiento de los aductores
Hacer 4 series de 30 segundos cada una.

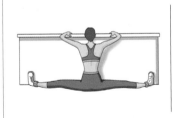

No olvide relajarse completamente respirando lo más lento que pueda entre cada postura.

Levántese lentamente exhalando por la boca al final de la sesión.

La descripción detallada de estas técnicas se encuentra en las páginas siguientes.

Postura 1
Estiramiento dorsal

Descripción

De rodillas, eleve al máximo los brazos separados exhalando lentamente por la boca durante 8 segundos. A continuación, baje suavemente los brazos inhalando por la nariz.

Relájese completamente durante unos 10 segundos antes de empezar de nuevo.

Repetición

Haga 4 series.

Variante

Realice la misma técnica en posición sentada, si es posible con las piernas en flor de loto. Repita 3 veces.

Dedos separados extendidos al máximo

Brazos extendidos alineados con los hombros

Espalda derecha

Piernas separadas al máximo

Pies en descanso

Consejo profesional:

Evite dejar ir el cuerpo hacia atrás: debe mantenerse perfectamente recto.

Pregunta

¿Es posible realizar esta técnica con las piernas cerradas?

Respuesta

Es más fácil realizar este ejercicio con las piernas separadas para controlar mejor el equilibrio.

Combatir la pereza intestinal

Es posible que se origine a partir de algunas enfermedades digestivas, la toma de medicamentos o una alimentación desbalanceada (una insuficiencia de fibras, por ejemplo).
Es importante cuidarse y optar por una actividad física regular que favorezca el trabajo abdominal, y completarla con estiramientos.
Lo ideal sería practicar todos los días ejercicios para los músculos abdominales como complemento de una práctica alimenticia responsable, técnicas de relajación y stretching, para eliminar el estrés (este último contribuye al mal funcionamiento intestinal).

Para un buen desempeño intestinal:
Consuma fibras (frutas, ensaladas, legumbres, cereales, etc.) en todas las comidas. Las fibras aceleran el proceso digestivo y aumentan el volumen de las deposiciones.

Recuerde sus nociones de anatomía
El transverso es un músculo:
a) transversal
b) paravertebral
c) abdominal

• •

Respuesta: c) abdominal. El transverso es el más profundo de los músculos largos.

Sesión detallada del martes

Dedos entrelazados

Palmas dirigidas hacia el interior

Brazos extendidos al máximo

Piernas semi-flexionadas y separadas

Cabeza dirigida hacia abajo

Pies paralelos

Consejo profesional:

No flexione los brazos. Deben mantenerse todo el tiempo extendidos al máximo.

Pregunta

¿Se pueden estirar las piernas sin temer un estirón de la espalda?

Respuesta

¡Sí! Sin embargo, la postura con las piernas separadas y extendidas es menos estable, a pesar de relajar más las piernas.

Recuerde sus nociones de anatomía

El glúteo medio es:
a) el abductor del muslo (aleja)
b) el aductor del muslo (acerca)
c) el extensor del muslo

• •

Respuesta: a) el abductor del muslo (aleja).

Postura 2
Estiramiento de los hombros

Descripción

De pie, practique una flexión hacia adelante del tronco llevando los brazos hacia adelante lo más que pueda. Mantenga la flexión del tronco y la inclinación de los brazos al máximo durante 8 segundos exhalando lentamente por la boca. Enderécese por completo y lentamente después de cada postura inhalando por la nariz durante 8 segundos. Relájese completamente durante unos 12 segundos antes de empezar de nuevo, para evitar cualquier riesgo de mareo.

Repetición

Haga 3 series.

Variante

Realice la misma técnica con las piernas cerradas. Repita 3 veces.

¿Qué es la *kinesiología aplicada*?

Creada por el doctor Georges Goodheart, es utilizada actualmente por un gran número de quiroprácticos. Se trata de un método de análisis para encontrar la explicación de un síntoma de un problema físico. Se intenta comprender de dónde viene la dificultad, ya sea que provenga del sistema linfático, vascular, circulatorio, etcétera.

Esta estrategia de comprensión utiliza las interrelaciones de las distintas partes del cuerpo.

La kinesiología aplicada se practica como complemento a los exámenes médicos tradicionales (radiografías, ecografías, etcétera).

De esta manera un buen quiropráctico puede, sólo por medio de la observación y la palpación del paciente, enunciar un diagnóstico completamente confiable que puede confirmar un médico tradicional. Probar la experiencia de la kinesiología no lo compromete a nada. ¡Pruébela antes de juzgar!

Sesión detallada del martes

Postura 3
Flexión lateral de la cintura

Puños apretados
Brazos extendidos al máximo y paralelos
Cabeza levantada en el eje de la columna vertebral
Cintura flexionada lateralmente
Pies flexionados

Descripción

Sentado sobre el suelo, con las piernas extendidas y sepa-radas, y los brazos elevados: flexione lateralmente el tronco al máximo durante 10 segundos exhalando por la boca. Enderece suavemente el tronco inhalando por la nariz. Relájese completamente durante unos 10 segundos antes de empezar de nuevo.

Repetición

Haga 4 estiramientos alternados.

Variante

Realice la misma técnica entrelazando los dedos, con los pulgares hacia arriba.
Repita 4 veces alternando.

Consejo profesional:

No incline el cuerpo hacia adelante; la flexión del cuerpo debe hacerse en el eje lateral.

Pregunta

¿Se puede despegar un glúteo del suelo?

Respuesta

¡No! Hay que mantener la pelvis enteramente apoyada en el suelo.

¿Qué es la *subluxación*?

Quizás haya oído a un osteópata hablar de este término. Significa: "menos que la luxación". La idea es que una articulación no está luxada, pero que está en una posición límite respecto a sus aptitudes fisiológicas y anatómicas en lo que concierne al movimiento. Esta teoría es controvertida por los médicos tradicionales.

El osteópata, en el marco de un traumatismo articular, tratará de liberar las tensiones musculares nefastas para la articulación que la condenan a un desempeño limitado. Así, va a palpar, probar y detectar, por medio de radiografías, el lugar exacto de la tensión.

El osteópata prefiere la observación del conjunto del individuo, sus posicionamientos, su caminar o sus reacciones musculares que los detalles traumáticos. Esencialmente, se interesa en las causas, sin usar desinflamatorios u otros medicamentos. Como cuando se elige a alguien que practique medicina tradicional, simplemente se pretende encontrar al buen quiropráctico que sepa diagnosticar correctamente la "subluxación".

Recuerde sus nociones de anatomía

¿Cuál es el músculo aductor del brazo (que aproxima el brazo al cuerpo)?
a) el pequeño pectoral
b) el subclavio
c) el gran pectoral

· ·

Respuesta: c) el gran pectoral.

Sesión detallada del martes

Manos apoyadas en el soporte

Cabeza levantada

Brazos flexionados

Codos dirigidos hacia arriba

Espalda derecha

Pies flexionados contra el soporte

Piernas extendidas al máximo

Consejo profesional:

Conserve la espalda derecha durante todo el tiempo que dure la postura y evite cualquier tipo de flexión.

Pregunta

¿Es mejor extender los brazos separándolos más?

Respuesta

¡No! Se tiene más fuerza manteniéndolos flexionados para acercar al máximo el cuerpo al soporte.

Recuerde sus nociones de anatomía

El deltoides:
a) baja el brazo
b) eleva el brazo
c) aleja el brazo

• •

Respuesta: b) eleva el brazo.

Postura 4
Estiramiento de los aductores

Descripción

Sentado ante un soporte (mueble, mesa, cama, etc.), con las piernas en separación máxima: acerque lo más que pueda el cuerpo al soporte. Mantenga la postura 30 segundos inhalando por la nariz y exhalando por la boca lo más lento que pueda.

Relájese completamente durante otros 30 segundos antes de empezar de nuevo.

Esfuércese por separar un poco más sus piernas en cada serie.

Repetición

Haga 4 series.

Variante

Practique la misma técnica pero elevando los talones (con unos libros, por ejemplo).

Repita 4 veces.

Hablemos de ciática

Todo iba bien hasta que un día surgió ese dolor intenso en la zona posterior de una pierna. Diagnóstico: irritación del nervio ciático. Se trata de un disco intervertebral aplastado que ejerce una presión en la raíz del nervio ciático, provocando un dolor agudo.

La mayoría de las veces, los dolores lumbares son los factores precursores de la ciática. Por lo tanto, es importante escuchar a su cuerpo y actuar antes de alcanzar un estado de inflamación avanzado. No olvide que, a menudo, la ciática es el resultado de un estado muscular y articular defectuoso, y que este último se debe al sedentarismo o a la práctica anárquica de actividades deportivas.

¡Neutralice el "dolor de caballo"!

Todo el mundo ha sufrido este tipo de inconveniente al practicar una actividad deportiva. Pero, ¿de dónde vienen las punzadas en el costado o dolor de caballo?

Se debe a un espasmo del diafragma (músculo muy largo y delgado que separa el pecho del abdomen y cuya contracción provoca el aumento de la caja torácica y enseguida la inhalación) en caso de falta de oxigenación de éste. A veces, un esfuerzo físico bloquea el flujo sanguíneo hacia el diafragma, lo que provoca un calambre doloroso.

¿Qué hacer en esos casos?

Antes que nada: ¡interrumpa cualquier esfuerzo físico!

A continuación, oprima con los dedos la región punzante. Esto hará desaparecer el dolor progresivamente.

La respiración también desempeña un papel importante: conviene inhalar suficiente aire y exhalar con fuerza para provocar un masaje interno.

Evite también, a lo largo del día, las malas posturas susceptibles de provocar ese padecimiento.

También puede dar masaje suavemente a su diafragma en círculos antes de comenzar cualquier actividad deportiva (con una mano en el pecho y la otra en el abdomen).

Evite comer en demasía antes de hacer cualquier esfuerzo físico. No olvide que una actividad aeróbica repercute en una desaceleración de la digestión; por eso es preferible no alimentarse por lo menos dos horas antes de un entrenamiento.

Sea precavido

Para evitar los dolores de caballo: respire por el vientre tomando largas inhalaciones y exhalando profundamente, y sobre todo recuerde estar lo más erguido posible.
Tampoco olvide comenzar suavemente sus entrenamientos y, en caso de forzar, hágalo de manera progresiva.
Asimismo, la relajación y los estiramientos deben formar parte de sus sesiones para evitar cualquier contracción muscular y estrés por cansancio.
También es importante no llevar vestimentas ajustadas durante el esfuerzo.
El stretching puede ser una excelente prevención contra la punzada de costado debido al control respiratorio y muscular que desarrolla.

Programa del miércoles en 15 minutos

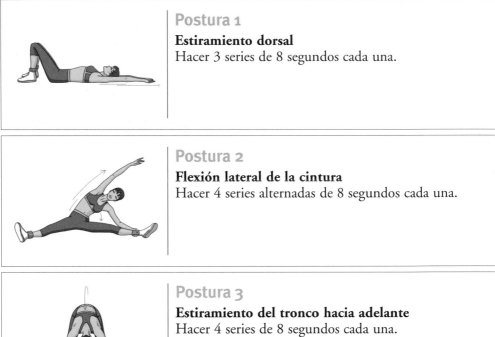

Postura 1
Estiramiento dorsal
Hacer 3 series de 8 segundos cada una.

Postura 2
Flexión lateral de la cintura
Hacer 4 series alternadas de 8 segundos cada una.

Postura 3
Estiramiento del tronco hacia adelante
Hacer 4 series de 8 segundos cada una.

Postura 4
Equilibrio y estiramiento de las piernas
Hacer 3 series de 8 segundos cada una.

No olvide relajarse completamente respirando lo más lento que pueda entre cada postura.

Levántese lentamente exhalando por la boca al final de la sesión.

La descripción detallada de estas técnicas se encuentra en las páginas siguientes.

Sesión detallada del miércoles

Postura 1
Estiramiento dorsal

Descripción

Boca arriba, con las piernas flexionadas y los brazos estirados hacia arriba de la cabeza alineados con el cuerpo: estire al máximo los brazos durante 8 segundos exhalando por la boca. Inhale suavemente por la nariz llevando los brazos a los costados.

Relájese completamente durante unos 10 segundos antes de empezar de nuevo.

Repetición

Haga 3 series.

Variante

Realice la misma técnica estirando un brazo tras otro. Repita 4 veces alternando.

En esta posición, puede levantar su nuca y sus riñones con un pequeño cojín o una toalla enrollada.

Piernas ligeramente separadas — Brazos en el eje de sus articulaciones — Palmas dirigidas hacia arriba — Talones cerca de los glúteos — Espalda recta — Cabeza reposando en el suelo

Consejo profesional:

Cuide (en la medida de lo posible) que los hombros y los brazos estén en completo contacto con el suelo.

Pregunta

¿Se pueden elevar las piernas flexionadas hacia el tronco en caso de extrema fragilidad lumbar?

Respuesta

¡Sí!

Recuerde sus nociones de anatomía

Un músculo agonista es un músculo:
a) que se opone a la acción de otro músculo
b) que soporta el movimiento
c) que produce el movimiento

••••••••••••••••••••••••••••

Respuesta: c) que produce el movimiento.

Consuma carne y lácteos

La vitamina B12 (cobolamina) se encuentra en la carne y en los lácteos. Es antianémica o antiasténica. Si bien es indispensable para el organismo y, entre otros, para el sistema nervioso, sólo se necesita una pequeña cantidad.

¿Qué sucede en caso de carencia de esta vitamina?

Hay que saber que los signos de carencia pueden tardar 5 años en manifestarse. Entonces se notan síntomas de anemia, algunas alteraciones cardiacas, cervicales o nerviosas más o menos importantes.

Consumir tres veces por semana carne blanca y dos veces carne roja, contribuye al balance alimenticio. Los amantes de la cocina vegetariana deben completar prudentemente su alimentación con vitamina B12 (la mayoría de las veces en forma de inyecciones).

Sesión detallada del miércoles

Brazo extendido

Cabeza levantada

Espalda derecha

Brazo flexionado

Pies flexionados

Piernas extendidas al máximo

Consejo profesional:

Lleve el brazo extendido hacia atrás al máximo, flexionando al mismo tiempo el otro lo más que pueda.

Pregunta

Si la mano no alcanza el pie, ¿puede flexionarse la pierna para lograrlo?

Respuesta

No; más vale llegar hasta el tobillo o la pantorrilla, por ejemplo; conserve las piernas lo más extendidas que pueda.

Recuerde sus nociones de anatomía

Los músculos lisos son músculos de:

a) contracción lenta
b) contracción rápida
c) contracción mixta

• •

neurovegetativo.

regidos por el sistema nervioso

sos son de contracción lenta,

Respuesta: a) los músculos li-

Postura 2
Flexión lateral de la cintura

Descripción

Sentado, con las piernas lo más separadas que pueda, flexione lateralmente el tronco al máximo hacia la pierna izquierda sosteniendo con la mano izquierda, el pie izquierdo por fuera, durante 8 segundos exhalando por la boca. Regrese lentamente a la postura inicial inhalando por la nariz. Relájese completamente durante unos 10 segundos antes de invertir la posición.

Repetición

Haga 4 series alternadas.

Variante

Practique la misma postura, pero en lugar de sostener el pie por fuera, tómelo por el dedo gordo del pie (lo que es más fácil) despegando el talón.
Repita 4 veces alternando.

Prolongue las fases de extensión de las técnicas de stretching

Si dispone de más tiempo, puede prolongar las fases de extensión de las posturas. Algunos especialistas mantienen posturas durante más de un minuto. Anderson (uno de los profesionales que iniciaron el stretching) nombra *easy stretch* a la primera fase y *development stretch* a la segunda.

Una cosa es segura: el tiempo de relajación muscular varía según los individuos. Por lo tanto, es importante escuchar a su cuerpo. Todas las instrucciones de tiempo en esta guía son indicaciones para llegar a una fase mínima de extensión. Los tiempos de estiramiento varían según el tipo y la importancia del grupo muscular estirado.

En resumen: no relaje una postura hasta que tenga la sensación de haber llegado hasta el límite del estiramiento del grupo muscular involucrado.

Postura 3
Estiramiento del tronco hacia adelante

Descripción

De pie, con las piernas separadas lo más que pueda, flexione al máximo el tronco hacia adelante durante 8 segundos exhalando por la boca. Enderécese completa y lentamente inhalando por la nariz.
Relájese durante unos 10 segundos antes de empezar de nuevo.

Repetición

Haga 4 series.

Variante

Coloque sus manos en el suelo lo más atrás posible, en lugar de sujetar las pantorrillas.
Repita 4 veces alternando.

Espalda recta, nuca sin ahuecar

Piernas extendidas al máximo

Brazos por encima de las tibias

Pies paralelos

Manos sujetando los tobillos (o las pantorrillas)

Pregunta
¿Esta postura es igual de eficaz si se flexionan las piernas?

Respuesta
¡Es diferente! Parece más fácil al principio, pero es tan efectiva como la básica si se la practica con cuidado, y manteniendo siempre los pies paralelos.

Recuerde sus nociones de anatomía
El poplíteo es:
a) un tendón
b) un músculo
c) un cartílago

• •

Respuesta: b) el poplíteo es un músculo corto, más bien chato y de forma triangular, localizado detrás de la articulación de la rodilla.

¡Cuide su columna vertebral!

La columna vertebral de un niño tiene 33 segmentos (7 vértebras cervicales, 12 vértebras dorsales, 5 vértebras lumbares, 5 vértebras sacras y 4 vértebras coccígeas –que se fusionan más tarde para formar el sacro).
A partir de los 25 años, la columna vertebral tiende a aplastarse; así, por ejemplo, entre 25 y 70 años un hombre pierde 2 o 3 cm y una mujer, 5 o 6 cm. Esta reducción se debe principalmente a la alteración de los discos intervertebrales.
No olvide que hacia los 70 o 75 años, la mayoría de las mujeres ha perdido un tercio de su masa ósea. La masa muscular también tiende a disminuir, ya que se pierde un 0.5% por año. De esta manera, en 50 años un ser humano pierde un cuarto de su masa muscular. Sólo hay una forma de prevenir y frenar parcialmente este fenómeno: la actividad física regular y bien practicada.

¿Lo sabía usted? Entre el principio y el final del día, el cuerpo puede perder hasta 2 cm. ¡A veces sería mejor quedarse acostado!

Sesión detallada del miércoles

Cabeza levantada
Manos sosteniendo la punta de los pies flexionados
Codos dirigidos hacia arriba
Espalda recta
Pies flexionados
Piernas extendidas al máximo

Consejo profesional:

Contraiga perfectamente los músculos abdominales para conservar un equilibrio mucho más estable.

Pregunta

¿Cómo realizar esta técnica de manera más cómoda?

Respuesta

Simplemente flexionando un poco las piernas y alargando al máximo la cabeza hacia arriba.

Recuerde sus nociones de anatomía
El antebrazo está formado por:
a) el cúbito y el húmero
b) el radio y el cúbito
c) el radio y el húmero

••••••••••••••••••••••••••

Respuesta: b) el radio y el cúbito.

Postura 4
Equilibrio y flexión de las piernas

Descripción

Sentado, pegado a una pared, tome sus pies con las manos y eleve lentamente sus piernas con precaución hasta su máxima extensión. Sepárelas así lo más posible durante 8 segundos, exhalando lentamente por la boca. Lleve a continuación suavemente los pies al suelo controlando el movimiento e inhalando por la nariz.
Relájese completamente durante unos 10 segundos antes de empezar de nuevo.

Repetición

Haga 3 series.

Variante

Realice la misma técnica llevando al máximo las piernas hacia la pared en lugar de separarlas lo más que pueda.
Si es muy ágil, conjugue las dos posturas.
Repita 3 veces.

¿Conoceremos algún día el verdadero proceso de envejecimiento?

El futuro lo dirá. Hasta hoy, se han propuesto más de trescientas explicaciones. El primero en presentar una teoría fue el biólogo Sir Peter Medawar en 1952. Su razonamiento es que la senescencia resultaría de la acumulación pasiva de genes dañinos tardíos de generación en generación.
Georges C. Williams completó el razonamiento de Medawar en 1957. Según él, existirían genes de efectos múltiples con una acción benéfica para el organismo durante la infancia, que se volverían dañinos con el tiempo.

Como ejemplo, esta es la estimación de la esperanza de vida máxima teórica de algunas especies: la tortuga, 200 años; el perro, de 20 a 30 años; el conejo, de 10 a 13 años; el oso, 40 años; el hombre, 122 años; el perico, de 70 a 100 años.

La dieta de moda: alimentarse según su tipo sanguíneo

Este tipo de dieta recomienda comprar productos frescos lo más a menudo posible (aunque los productos congelados no están excluidos), sin conservadores ni colorantes u otros añadidos. Es preferible elegir productos orgánicos (aunque no estén exentos de productos químicos). También se recomienda cocer bien la carne o el pescado. Opte por la cocción al vapor con papel aluminio, en vaporera, etcétera.

Algunos ejemplos, entre otros:

Para las personas del grupo O:
Alimentos recomendados: carnes magras, pescados, mariscos, huevos, legumbres verdes y frutas.
Alimentos a evitar: lentejas, col, patatas, berenjenas.

Para las personas del grupo A:
Alimentos recomendados: pescados, caracoles, lentejas, brócoli, zanahorias, espinacas, piña, higo, limón.
Alimentos a evitar: leche entera, mantequilla, patatas, garbanzos, col blanca, maíz, melones, mangos, plátanos, naranjas.

Para las personas del grupo B:
Alimentos recomendados: conejo, cordero, carnero, productos lácteos, arroz, legumbres verdes en hojas, ciruelas, uvas, piña.
Alimentos a evitar: pollo, crustáceos, cangrejos, mejillones, caracoles, quesos duros, cacahuates o maní, trigo sarraceno, maíz, centeno, trigo.

Para las personas del grupo AB:
Alimentos recomendados: pescados (como el lenguado, el rodaballo), productos lácteos, huevos, lentejas, ciertas legumbres verdes, piña, ajo.
Alimentos a evitar: crustáceos, res, pollo, avellanas, granos de sésamo o ajonjolí, alcachofas, aguacate o palta, pimientos, plátanos, mangos, ruibarbo, naranjas.

Consejo

Se recomienda abordar de manera progresiva la dieta con la que uno se alimenta según su tipo sanguíneo, y aprender a conocer bien las asociaciones alimenticias correctas y los platillos que se deben eliminar.

Importante

Utilice aceite de oliva, sobre todo para las ensaladas. Evite al máximo las grasas cocidas y evite las salsas que se venden previamente preparadas, ya que no están tan exentas en calorías como lo pretende la publicidad.

La mantequilla y la margarina ligeras no presentan un interés calórico suficiente que justifique su consumo. Efectivamente, presentan pocas diferencias.

Programa del jueves en 15 minutos

Postura 1

Estiramiento de la espalda alta
Hacer 4 series de 12 segundos cada una.

Postura 2

Rotación de la cintura
Hacer 4 series alternadas de 8 segundos cada una.

Postura 3

Flexión lateral del tronco
Hacer 4 series alternadas de 15 segundos cada una.

Postura 4

Estiramiento del muslo
Hacer 4 series alternadas de 8 segundos cada una.

No olvide relajarse completamente respirando lo más lento que pueda entre cada postura.

Levántese lentamente exhalando por la boca al final de la sesión.

La descripción detallada de estas técnicas se encuentra en las páginas siguientes.

Sesión detallada del jueves

Postura 1
Estiramiento de la espalda alta

Descripción

Boca abajo, estírese al máximo, con las piernas juntas y los brazos por encima de la cabeza durante 12 segundos inhalando por la nariz y exhalando por la boca lo más lento que pueda.

Relájese completamente durante unos 10 segundos antes de empezar de nuevo.

Repetición

Haga 4 series.

Variante

Realice la misma técnica con las palmas giradas hacia usted. Repita 4 veces.

Coloque un pequeño cojín o una toalla enrollada bajo el vientre para evitar cualquier arqueo lumbar.

Cabeza dirigida hacia el suelo
Palmas hacia afuera
Pies extendidos
Dedos entrelazados
Brazos hiperextendidos y paralelos
Piernas extendidas al máximo

Consejo profesional:

No despegue del suelo ni los pies ni las manos durante la extensión.

Pregunta

¿Es lo mismo si se realiza esta postura boca arriba?

Respuesta

También es un estiramiento dorsal, pero los músculos se estiran de manera diferente y las sensaciones percibidas no son las mismas.

El deporte y la artrosis

Se aconseja el deporte moderado a las personas que sufren de artrosis; en particular, se les recomienda el stretching y el fortalecimiento muscular.
La atrofia acecha a las personas sedentarias: es importante que consideren los riesgos de la inactividad. La actividad física ayuda, entre otras cosas, a mejorar la circulación del líquido sinovial en las articulaciones (este último desempeña un papel lubricante y nutricio para los cartílagos). Al reforzar los músculos y los tendones, también permite aliviar las presiones que se ejercen en las articulaciones, repartiendo de ese modo las cargas de manera más equitativa.
Importante: es esencial no ejercitar las articulaciones siempre con el mismo ángulo y, por lo tanto, variar los ejercicios y su amplitud de realización.

Recuerde sus nociones de anatomía
Las costillas verdaderas son:
a) las primeras siete
b) las primeras ocho
c) las primeras seis

• •

gos costales.
unidas al esternón por los cartíla-
daderas son las siete primeras,
Respuesta: a) las costillas ver-

Sesión detallada del jueves

Brazos extendidos

Puños cerrados dirigidos hacia abajo

Piernas flexionadas

Pies paralelos

Consejo profesional:

Todo el tiempo conserve la pelvis de frente, manteniendo los brazos estirados lo más atrás que pueda durante toda la rotación.

Pregunta

¿Se puede dejar la cabeza de frente durante la rotación?

Respuesta

¡Es perfectamente posible si no sufre de fragilidad cervical! Pero es más lógico girarla en el sentido de la rotación.

Recuerde sus nociones de anatomía

La muñeca de la mano tiene:
a) 35 huesos
b) 25 huesos
c) 29 huesos

· ·

Respuesta: c) 29 huesos (incluidos el radio y el cúbito).

Postura 2
Rotación de la cintura

Descripción

De pie, realice una rotación del tronco conservando todo el tiempo los brazos abiertos. Mantenga la postura de extensión máxima durante 8 segundos exhalando poco a poco por la boca. Regrese lentamente a la postura inicial inhalando con suavidad por la nariz antes de empezar de nuevo hacia el otro lado.

Relájese completamente durante unos 10 segundos antes de invertir la posición.

Repetición

Haga 4 series alternadas.

Variante

Practique la misma postura sentado en flor de loto. Repita 4 veces alternando.

¡Viva el deporte después de los 50 años!

Aunque sólo el 25% de los adultos mayores practiquen una actividad deportiva, se les recomienda el deporte. Desde hace tiempo se comprobó que los deportistas envejecen mejor. Por supuesto, no se recomienda hacer deporte en exceso: tres horas por semana parecen ya un buen promedio. También hay que saber que no existe ninguna contraindicación para empezar a hacer deporte de manera tardía, si el entrenamiento adoptado es bien practicado y con una progresión inteligente. Con el entrenamiento, un organismo activo mejora su "VO$_2$ MÁX", es decir su consumo máximo de oxígeno en un minuto durante un esfuerzo. Por el contrario, un individuo sedentario manifiesta una disminución de su VO$_2$ MÁX de casi 10% durante algunos años a partir de los 30 años. La práctica regular de una actividad física también disminuye la presión arterial, mejora la flexibilidad de los vasos y favorece una pérdida de grasa y una baja de la frecuencia cardiaca.

Por lo tanto, tiene todos los motivos para continuar o comenzar una actividad deportiva adaptada a sus gustos y capacidades.

Postura 3
Flexión lateral del tronco

Descripción

Sentado, con las piernas lo más separadas que pueda, flexione el tronco al máximo por encima de una pierna durante 15 segundos, inhalando por la nariz y exhalando por la boca lo más lento que pueda.

Relájese completamente durante unos 10 segundos antes de invertir la posición.

Repetición

Haga 4 series alternadas.

Variante

Realice la misma técnica separando los dedos al máximo, con las palmas volteadas hacia arriba.
Repita 4 veces alternando.

Brazos extendidos
al máximo

Cabeza levantada

Espalda recta

Piernas extendidas

Dedos juntos
y extendidos

Pies flexionados

Consejo profesional:

No despegue el glúteo opuesto durante todo el estiramiento; la pelvis debe mantenerse completamente apoyada en el suelo.

Pregunta

¿Es normal que el estiramiento se sienta también en los músculos aductores (interior de los muslos) además de en los de la espalda?

Respuesta

Sí; eso significa que realiza muy bien la postura y que sus piernas están suficientemente separadas.

Recuerde sus nociones de anatomía

¿Cuáles son los músculos extensores de la rodilla?

a) el recto anterior

b) el vasto interior

c) el crural

Respuesta: todos; el recto anterior también flexiona la cadera.

¿Qué es una distensión?

Consiste en la ruptura de fibras musculares acompañada de una ligera hemorragia local. Por lo general, lo produce un movimiento brusco en una masa muscular mal o escasamente calentada, o en un estado de cansancio intenso. Se observa con mayor frecuencia en deportes como el tenis, el box, los aerobics o el atletismo.

Por lo regular, el dolor es más bien intenso, y puede incluir un edema o una equimosis en la zona adolorida.

Hay que cesar inmediatamente cualquier esfuerzo y consultar a un médico, que la mayoría de las veces recetará compresas frías, medicamentos venotónicos y vendas de contención. Son necesarias varias semanas de reposo antes de recuperar su desempeño muscular. Es importante esperar a que el dolor haya desaparecido del todo para retomar una actividad deportiva.

Sesión detallada del jueves

Cabeza levantada

Espalda derecha

Pie extendido

Pierna de apoyo semiflexionada

Consejo profesional:

Mantenga la pierna en el eje de su articulación.

Pregunta

En caso de dificultad para alcanzar el pie, ¿qué se puede hacer?

Respuesta

En la misma posición, ponga el empeine o dorso del pie contra una pared detrás de usted y presione suavemente. Esto le hará ganar flexibilidad con eficacia.

Recuerde sus nociones de anatomía

El músculo sartorio se inserta:
a) del hueso iliaco a la tibia
b) del hueso iliaco al fémur
c) del fémur a la tibia

• •

Respuesta: a) el músculo sartorio se inserta exactamente del escote interespinoso del hueso iliaco hasta las caras anterior e interna de la tibia.

Postura 4
Estiramiento del muslo

Descripción

De pie, presione con las manos el talón contra el glúteo con fuerza durante 8 segundos, exhalando por la boca. Inhale suavemente por la nariz al colocar la pierna de nuevo en el suelo.

Relájese completamente durante unos 10 segundos antes de invertir la posición.

Repetición

Haga 4 series alternadas.

Variante

Practique la misma postura boca abajo (con un cojín abajo de la cintura para evitar cualquier arqueo lumbar). Repita 4 veces alternando.

Si le falla el equilibrio, puede apoyar una mano en un soporte ocasional (taburete, mesa, silla, etcétera).

¿En qué consiste una infiltración?

Se trata de inyectar un compuesto (a menudo a base de cortisona) dentro o alrededor de la cavidad articular. Su objetivo principal es disminuir la inflamación y por lo tanto el dolor. Puede hacerse en la rodilla, el codo, la mano, el hombro, la cadera o la columna vertebral (para esta última, puede ser necesario un estudio radiológico).

En general se aconseja reposo de la articulación durante varios días después de la infiltración.

La mayoría de los médicos aconsejan evitar recurrir con demasiada frecuencia a las infiltraciones. Por lo general, el especialista no receta más de tres infiltraciones al año en una misma articulación.

Usted y la vitamina C
(ácido ascórbico)

Es una de las vitaminas del sistema inmunitario que desafortunadamente no puede almacenarse. Resulta indispensable para el buen funcionamiento del organismo, por lo cual es necesario evitar a toda costa su carencia, que se traduce en una fatiga (aunada casi siempre a una deficiencia inmunitaria) y a veces por desórdenes sanguíneos o problemas dermatológicos.

Esta vitamina se encuentra en las frutas, las verduras crudas o ligeramente cocidas, pero también en forma de ampolletas (ampollas), cápsulas de gel, polvo o comprimidos.

La vitamina C estimula la actividad inmunitaria y desempeña un papel activo en la respiración celular. A menudo se receta para estados febriles, depresivos y para ciertos efectos alergénicos (sustancias responsables de una reacción de tipo alérgico).

Se aconseja consumir un máximo de 1 200 mg por día.

Procure:

- no cocer demasiado los alimentos (la cocción destruye la vitamina C) y no exponerlos demasiado al aire;
- no fumar; efectivamente el tabaco aumenta las necesidades de vitamina C;
- consumir la menor cantidad de alcohol posible (que también crea una mayor necesidad de vitamina C);
- combinarla con calcio y magnesio para obtener un efecto estimulante reforzado.

Programa del viernes en 15 minutos

Postura 1
Estiramiento dorsal
Hacer 3 series de 12 segundos.

Postura 2
Rotación de la cintura
Hacer 4 series alternadas de 10 segundos cada una.

Postura 3
Flexión lateral de la cintura
Hacer 4 series alternadas de 12 segundos cada una.

Postura 4
Estiramiento lateral de la pierna
Hacer 4 series alternadas de 15 segundos cada una.

No olvide relajarse completamente respirando lo más lento que pueda entre cada postura.

Levántese lentamente exhalando por la boca al final de la sesión.

La descripción detallada de estas técnicas se encuentra en las páginas siguientes.

Sesión detallada del viernes

Postura 1
Estiramiento dorsal

Descripción

De pie, con las piernas separadas al máximo, lleve el tronco hacia adelante. Apóyese en el suelo con las manos. Estire así los brazos al máximo hacia adelante durante 12 segundos, inhalando por la nariz y exhalando por la boca lo más lento que pueda.

Relájese completamente durante unos 10 segundos antes de empezar de nuevo.

Repetición

Haga 3 series.

Variante

Realice la misma técnica con los pies rotados hacia afuera. Repita 3 veces.

Brazos separados y alineados con los hombros

Piernas exten-didas

Cabeza dirigida hacia el suelo

Palmas en el suelo

Pies paralelos

Consejo profesional:

No se limite a estirar los brazos hacia adelante; también intente colocar la pelvis lo más atrás que pueda.

Pregunta

¿Se pueden colocar los antebrazos en el suelo?

Respuesta

Si así lo hace, la técnica ya no es la misma. Se convierte entonces en un estiramiento de los aductores y no en un estiramiento dorsal.

Recuerde sus nociones de anatomía

¿Cuál es el músculo del antebrazo que flexiona la muñeca y el codo?
a) el segundo radial
b) el palmar mayor
c) el cubital posterior

Respuesta: a) el palmar mayor.

¿Sabía usted? En homeopatía...

Cualquier farmacéutico puede elaborar remedios homeopáticos. En países como Francia, sin embargo, sólo dos laboratorios se dividen el mercado y son completamente dignos de confianza en cuanto a la calidad de su producción. Respecto a los remedios fabricados por los farmacéuticos, también son de fiar.

Hay que saber que quien practica la homeopatía es ante todo un médico, y también puede recetar medicamentos alópatas como complemento de los homeopáticos.

La homeopatía no puede tratar todas las enfermedades; por ejemplo, no existen vacunas homeopáticas contra la gripe. La homeopatía sólo utiliza productos que refuerzan el sistema inmunitario del organismo.

Dos puntos importantes:

– un remedio homeopático no se interpone a los efectos de una vacuna;

– por el contrario, los efectos secundarios de una vacuna pueden atenuarse con un tratamiento homeopático.

Sesión detallada del viernes

Cabeza vuelta

Espalda en rotación perpendicular al suelo

Pies flexionados

Manos en el suelo

Piernas extendidas y juntas

Consejo profesional:

No deje que el cuerpo se vaya hacia atrás.

Pregunta

¿Se puede realizar esta técnica con las piernas flexionadas?

Respuesta

¡Sí! Con la condición de mantener la pelvis de frente. Sin embargo, la eficacia de la técnica disminuye con esta modificación.

Recuerde sus nociones de anatomía

El músculo sóleo de las pantorrillas se activa en el momento de:
a) una extensión del tobillo
b) una flexión del tobillo
c) una rotación del tobillo

• •

plantar del tobillo.
actúa al momento de la flexión
Respuesta: b) el músculo sóleo

Postura 2
Rotación de la cintura

Descripción

Sentado, con las piernas alargadas hacia adelante, practique una rotación del tronco hacia la izquierda tratando de poner las manos en el suelo lo más lejos que pueda hacia el lado derecho de la espalda. Conserve la postura en rotación máxima durante 10 segundos exhalando suavemente por la boca. Inhale lentamente por la nariz colocando de nuevo el tronco de frente.

Relájese completamente durante unos 10 segundos antes de invertir la posición.

Repetición

Haga 4 series alternadas.

Variante

Practique la misma postura con las piernas separadas al máximo.

Repita 4 veces alternando.

El tabaco: ¡evítelo por completo!

¡Es cierto que el tabaco inhibe el hambre! El cigarro perturba la asimilación de alimentos, así como las capacidades gustativas. Los fumadores aprecian menos los platillos que los no fumadores. El dejar de fumar puede incitar un aumento de peso debido a una necesidad de compensación a través de la comida.

Es necesario aumentar su aporte en vitamina C si se rebasan los cinco cigarrillos al día.

No olvide que el consumo de tabaco provoca más del 30% de los cánceres (laringe, bronquios, lengua, boca, pulmones, páncreas, vejiga, estómago, etc.). El tabaco también puede provocar infartos al miocardio o agravarlos, así como accidentes vasculares cerebrales, arteritis y enfermedades pulmonares (como la bronquitis crónica).

Si usted es fumador, trate de beber agua regularmente para reducir poco a poco su consumo de cigarrillos.

Postura 3
Flexión lateral de la cintura

Descripción

Hincado, con un brazo levantado y extendido, flexione lateralmente el tronco al máximo hacia un lado (habiendo alejado el brazo de apoyo del cuerpo lo más posible) durante 12 segundos, inhalando por la nariz y exhalando por la boca muy lentamente.

Relájese por completo durante unos 10 segundos antes de invertir la posición.

Repetición

Haga 4 series alternadas.

Variante

Practique la misma postura con las rodillas lo más separadas que pueda. Repita 4 veces.

Brazo levantado en extensión máxima

Cabeza inclinada

Tronco flexionado lateralmente

Piernas ligeramente separadas

Tibias en el suelo

Consejo profesional:

Coloque el hombro del brazo elevado lo más atrás que pueda.

Pregunta

¿Se puede despegar un poco la rodilla opuesta al brazo de apoyo?

Respuesta

¡De ninguna manera! Es importante mantener la rodilla todo el tiempo en el suelo. Es indispensable que no se despegue para flexionar mejor el tronco.

Recuerde sus nociones de anatomía

El bíceps crural produce
a) la flexión del brazo
b) la rotación externa y la extensión de la cadera y de la rodilla
c) la extensión de la cadera, la flexión de la rodilla, la rotación externa de la cadera y de la rodilla

• • • • • • • • • • • • • • • • • • • •

Respuesta: c) la extensión de la cadera, etcétera.

Los productos orgánicos

Comportan esencialmente alimentos provenientes de la agricultura orgánica (la etiqueta AB –agricultura biológica– oficializa el producto como tal). En este caso, para fertilizar el suelo se utilizan productos orgánicos exentos de elementos químicos (abono, pesticidas, etcétera).

Hay que saber que ciertos productos que se venden como orgánicos no lo son más que en un 70%. En cuanto a los productos que contienen menos del 70% de elementos orgánicos, los productores sólo pueden citar los ingredientes provenientes de la agricultura orgánica.

Importante: los productos provenientes de la agricultura o la crianza orgánicas están controlados por organismos especializados.

Sesión detallada del viernes

Pie flexionado

Cabeza
levantada

Pierna
elevada y
extendida
al máximo

Espalda
derecha

Pierna de apoyo
semiflexionada

Pie paralelo al
soporte de apoyo

Consejo profesional:

Mantenga la espalda
lo más derecha que
pueda al reposicionar
la pierna.

Pregunta

¿Se sube la pierna sólo lateralmente o también hacia atrás?

Respuesta

Se la debe subir lo más cerca que pueda de la cabeza y lo más lejos que pueda hacia atrás.

Recuerde sus nociones de anatomía

El redondo mayor es un músculo:
a) del hombro
b) de la espalda
c) del tórax

• •

Respuesta: a) el redondo mayor
es un músculo del hombro.

Postura 4
Estiramiento lateral de la pierna

Descripción

De pie, con una mano apoyada en un soporte, acerque lateralmente la pierna a la cabeza, inhalando por la nariz y exhalando por la boca lo más lento que pueda durante 15 segundos.

Relájese completamente durante unos 20 segundos antes de invertir la posición.

Repetición

Haga 4 series alternadas.

Variante

Practique la misma postura flexionando al máximo la pierna de apoyo. Repita 4 veces.

Algunos ejemplos de consumo de calorías/hora

Trabajo en computadora: de 0 a 30 cal
Carrera a 12 km/h: 750 cal
Tenis: 600 cal
Pesas o fisicoculturismo: 450 cal
Caminata rápida: 300 cal
Esquí alpino: 300 cal
Natación: 450 cal
Aerobics: 800 cal
Fútbol: 700 cal
Stretching: 150 cal
Relaciones sexuales: 250 cal

Alimentación y edad

Mientras más se envejece, se torna más importante cuidar su alimentación, ya que la cantidad de nutrimentos no cambia mientras que los gastos físicos disminuyen.

Pueden aparecer deficiencias, particularmente de calcio, después de los 50 años en las mujeres y de los 65 años en los hombres.

Los productos lácteos deben consumirse con regularidad desde los 60 años.

En general, es esencial tomar vitamina D (recetada por un médico) para fijar el calcio si es que no se consumen mantequilla o pescados grasos.

También es importante no carecer de hierro y variar siempre su alimentación consumiendo carne, pescado, huevos... todos los días.

El aceite (de oliva, de soya, de cacahuate o maní o de avellana) no debe eliminarse de la dieta alimenticia.

Las frutas y verduras deben consumirse diariamente, sobre todo para evitar cualquier carencia de vitamina C.

Asimismo, conviene vigilar mejor el aporte calórico cotidiano para que corresponda a los gastos físicos, debido a que las funciones metabólicas se vuelven más lentas y el almacenamiento de grasas más importante que a los 20 años. Se aconseja consultar a un nutricionista o dietista después de los 50 años.

Novedades

- **Los fabricantes han sacado a la venta productos enriquecidos en vitaminas o selenio, especiales para las personas de más de 55 años: jugos de frutas, yogures, potajes, galletas, pescado en lata, etc. Sin embargo, una alimentación bien adaptada a sus necesidades, aconsejada por un nutricionista o dietista, puede prescindir de estos productos específicos, a menudo onerosos.**
- **Los Cel-O-Fats (materias grasas sin calorías) aún están siendo investigados y son sustitutos de materias grasas incorporadas a los alimentos. Deberían tener un mejor desempeño aún que los productos *light* (que son de 30 a 45% menos calóricos que los productos comunes).**

Programa del sábado en 15 minutos

Postura 1
Estiramiento general del cuerpo
Hacer 4 series alternadas de 8 segundos cada una.

Postura 2
Flexión lateral del tronco
Hacer 4 series alternadas de 10 segundos cada una.

Postura 3
Estiramiento de las piernas y equilibrio
Hacer 4 series alternadas de 12 segundos cada una.

Postura 4
Estiramiento de los aductores
Hacer 3 series de 30 segundos cada una.

No olvide relajarse completamente respirando lo más que pueda entre cada postura.

Levántese lentamente exhalando por la boca al final de la sesión.

La descripción detallada de estas técnicas se encuentra en las páginas siguientes.

Postura 1
Estiramiento general del cuerpo

Descripción

De pie, incline el cuerpo hacia adelante, apoyándose con las manos en un soporte (silla, mesa, etc.). Eleve así una pierna extendida hacia atrás. Estire al máximo esa pierna durante 8 segundos exhalando suavemente por la boca. Inhale por la nariz reposando la pierna en el suelo. Relájese completamente durante unos 10 segundos antes de cambiar de pierna.

Repetición

Haga 4 series alternadas.

Variante

Practique la misma técnica apoyándose sobre el soporte solamente con la mano opuesta a la pierna que sube. Repita 4 veces alternando.

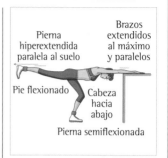

Pierna hiperextendida paralela al suelo

Brazos extendidos al máximo y paralelos

Pie flexionado

Cabeza hacia abajo

Pierna semiflexionada

Consejo profesional:

Es muy importante no arquear la región lumbar; mantenga la espalda lo más recta que pueda.

Pregunta

¿Se puede realizar esta técnica con la pierna de apoyo extendida?

Respuesta

¡Sí! Pero es importante colocar bien la espalda para evitar cualquier arqueo lumbar.

Recuerde sus nociones de anatomía

La kinesiología es:
a) el estudio de los músculos
b) el estudio general del cuerpo humano
c) la ciencia del movimiento humano

Deporte y menopausia

Suele suceder que en la menopausia la disminución de estrógenos tenga consecuencias en las masas muscular y grasa del organismo. Algunas mujeres pueden perder hasta 3 kg de masa magra (músculos, huesos, etc.) y adquirir paradójicamente un exceso de masa grasa. Pero tranquilícese, éste no es un fenómeno inevitable: una alimentación balanceada, así como una actividad física regular, permiten mantener una silueta y una forma correctas.

Sin embargo, es cierto que después de los 50 años, los esfuerzos cuestan mucho más trabajo que a los 30, pero en realidad son éstos los que garantizan un buen resultado. No olvide que mientras mayor sea su masa muscular corporal, mayor capacidad tiene su cuerpo de quemar calorías. Tres sesiones de entrenamiento físico de una hora por semana para una mujer de 50 años puede ser una forma correcta para mantener la figura y el peso que tenía a los 30 años.

Sesión detallada del sábado

Brazo extendido al máximo

Cabeza de frente

Piernas extendidas y juntas

Palma sobre el soporte

Pies cerrados y paralelos al soporte

Consejo profesional:

Recuerde estirar la cabeza hacia arriba todo el tiempo.

Pregunta

¿Se puede flexionar el brazo de apoyo?

Respuesta

¡No! Es importante mantenerlo lo más extendido que pueda para optimizar la postura.

Recuerde sus nociones de anatomía

El músculo trapecio, entre otros, entra en acción cuando:
a) se levanta peso con los brazos
b) se rechaza un objeto pesado
c) se lleva hacia sí un objeto pesado

• •

Respuesta: a) se levanta peso con los brazos.

Postura 2
Flexión lateral del tronco

Descripción

De pie, flexione el cuerpo hacia un lado apoyando la mano sobre un soporte (silla, mesa, etc.). Aleje progresivamente esa mano del cuerpo deslizándola sobre el soporte inhalando por la nariz, y luego exhalando lentamente por la boca.

Relájese por completo durante unos 10 segundos antes de invertir la posición.

Repetición

Haga 4 series alternadas.

Variante

Realice la misma técnica con las piernas separadas. Repita 4 veces alternando.

¡Pierda un poco de peso para tener mejor salud!

Si forma parte de las personas que tienen un exceso de peso, no dude en perder algunos kilos para mejorar su estado de salud.

Según especialistas estadounidenses, una disminución de peso puede atenuar los riesgos cardiovasculares y reducir, por ejemplo, tasas demasiado elevadas de lipoproteínas de alta densidad y de triglicéridos. El ejercicio también puede aumentar la tasa de estas lipoproteínas. Igualmente, la pérdida de kilos puede reducir la presión arterial.

También se aconseja a las personas que sufren de diabetes vigilar su peso para mejorar la secreción celular de insulina. Una investigación seria acerca de mujeres que perdieron 4 kilos reveló que éstas presentan una reducción a la mitad del riesgo de padecer diabetes.

La artritis (inflamación de una articulación) también se genera, entre otras cosas, por los kilitos de más. En particular, la artritis de las rodillas es más grave mientras mayor sea el peso soportado por las articulaciones.

Postura 3
Estiramiento de las piernas y equilibrio

Cabeza levantada

Hombros estirados hacia atrás

Brazo flexionado

Talón contra el glúteo

Pie apoyado en el suelo

Pierna flexionada

Descripción

De rodillas, flexione al máximo una pierna delante de usted manteniendo al mismo tiempo el pie de la otra pierna contra el glúteo. Empuje así la pierna delantera con la mano lo más adelante que pueda durante 12 segundos inhalando por la nariz y exhalando por la boca.
Relájese completamente durante unos 10 segundos antes de invertir la posición.

Repetición

Haga 4 series alternadas.

Variante

Realice la misma técnica desviando del eje la pierna delantera hacia el exterior.
Repita 4 veces alternando.

Consejo profesional:

Conserve la cabeza levantada para no provocar, al flexionarla, una posición dorsal redondeada.

Pregunta

¿Es posible apoyarse en el suelo con una mano si falla el equilibrio?

Respuesta

Es mejor acercarse a una silla, por ejemplo, y apoyarse en ella con la mano para mantener el tronco derecho. Evite desalinear al cuerpo.

Recuerde sus nociones de anatomía

El músculo semitendinoso se termina por:
a) el peroné
b) la tibia
c) el fémur

• •

Respuesta: b) el semitendinoso se termina exactamente en la cara anterior de la tuberosidad interna de la tibia.

Evite a toda costa pasar noches sin dormir

Durante la fase de sueño profundo se libera en parte la hormona de crecimiento, lo que contribuye a la cicatrización, a la prevención de arrugas y a la disminución de grasa. De la misma forma, durante esta fase se produce la insulina (que desempeña un papel en la absorción celular del azúcar y mejora la digestión). El sueño paradójico participaría en el mecanismo de aprendizaje.
Esta fase del sueño es la más activa del cerebro y es indispensable.

Recordatorio: No existe una regla establecida sobre la duración del sueño. ¡Lo importante es despertarse en forma!

Sesión detallada del sábado

Pies flexionados

Piernas extendidas al máximo

Brazos flexionados

Cabeza relajada en el suelo

Manos encima de los tobillos

Consejo profesional:

Pegue la pelvis contra la pared.

Pregunta

¿Esta postura flexibiliza de la misma manera si las piernas están flexionadas?

Respuesta

No, a menos que separe las piernas extendidas al máximo, y despúes las flexione sin mover los talones.

Recuerde sus nociones de anatomía

El músculo tensor de la fascia lata produce, entre otros:
a) la flexión del muslo
b) la extensión de la pierna
c) la flexión de la cadera

· ·

Respuesta: c) produce la flexión de la cadera, su abducción horizontal y participa en la rotación interna de la cadera al momento de la flexión.

Postura 4
Estiramiento de los aductores

Descripción

Boca arriba, con las piernas separadas al máximo apoyadas contra una pared, ejerza una presión de 30 segundos con las manos sobre los tobillos inhalando por la nariz y exhalando suavemente por la boca.

Relájese por completo durante unos 15 segundos antes de empezar de nuevo.

Repetición

Haga 3 series.

Variante

Realice la misma técnica colocando los pies perpendiculares a la pared (manteniendo al mismo tiempo el tronco de frente). Esta variante es más difícil que la postura inicial.

¿Cómo intervienen sus genes en la grasa?

Los genes producen hormonas y enzimas que tienen una influencia directa en el organismo. Así, se observó una predisposición a almacenar grasa en la parte inferior del cuerpo en mujeres que poseían una cantidad importante de estrógenos o de progesterona.

Otra observación, también en las mujeres: cuando hacen una dieta, la grasa del vientre y del pecho desaparece primero, seguida por la de los brazos y de una parte de la de los muslos; sin embargo, la de las caderas permanece las más de las veces.

El responsable: nuestro patrimonio genético.
La solución: vigile más sus hábitos alimenticios e intensifique o aumente sus actividades deportivas.

Programa de un mes

Tercera semana

Programa del lunes en 15 minutos

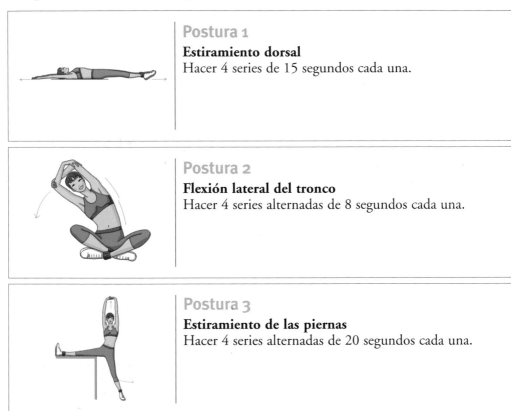

Postura 1
Estiramiento dorsal
Hacer 4 series de 15 segundos cada una.

Postura 2
Flexión lateral del tronco
Hacer 4 series alternadas de 8 segundos cada una.

Postura 3
Estiramiento de las piernas
Hacer 4 series alternadas de 20 segundos cada una.

Postura 4
Levantamiento diagonal de la rodilla hacia el hombro opuesto
Hacer 4 estiramientos alternados de 20 segundos cada uno.

No olvide relajarse completamente respirando lo más lento que pueda entre cada postura.

Levántese lentamente exhalando por la boca al final de la sesión.

La descripción detallada de estas técnicas se encuentra en las páginas siguientes.

Sesión detallada del lunes

Postura 1
Estiramiento dorsal

Descripción

Boca arriba, estire piernas y brazos al máximo durante 15 segundos inhalando por la nariz y exhalando lentamente por la boca. Apoye los lumbares en el suelo lo más que pueda durante toda la postura.

Relájese completamente durante unos 10 segundos antes de empezar de nuevo.

Repetición

Haga 4 series.

Variante

Realice la misma técnica con las piernas separadas. Repita 4 veces.

Brazos extendidos y separados alineados con los hombros

Piernas extendidas y juntas

Dedos juntos extendidos

Pies extendidos

Región lumbar perfectamente apoyada en el suelo

Consejo profesional:

No dude en despegar los talones del suelo durante toda la fase de estiramiento si eso le ayuda a percibir mejor la técnica.

Pregunta

¿Se puede enrollar una toalla abajo de los riñones para realizar esta postura si uno se acuesta boca abajo, por ejemplo?

Respuesta

¡Sí! Pero en este caso, se trata de una variante.

Compruebe sus nociones de dietética

¿Cuál es el porcentaje de proteínas necesarias para una alimentación balanceada?

a) 15%
b) 30%
c) 45%

Respuesta: a) 15%.

Si es usted mujer, ¿qué tipo de cuerpo tiene?

¿Endomorfo, ectomorfo o mesomorfo?
– La silueta endomorfa es más bien redonda por todas partes y quizás agradable para la vista si las proporciones son armoniosas.
– La ectomorfa es delgada. Es el ideal con el que sueñan las mujeres; algunas pueden alcanzarla si se cuidan y hacen esfuerzos físicos.
– La mesomorfa se distingue por sus contornos poderosos y por la fuerza que desprende muscularmente. No muy femenina...

¿Qué hay del exceso ginecoide? Se caracteriza por una pelvis grande, un vientre a menudo repleto y muslos con celulitis. Es más bien femenino.
¿Y el exceso androide? Se caracteriza por una sobrecarga de peso principalmente en el estómago, el vientre y la parte superior del cuerpo. De manera general, es más bien masculino.

Sesión detallada del lunes

Cabeza levantada · Manos sobre los codos
Tronco inclinado lateralmente
Piernas cruzadas en flor de loto
Pies relajados

Consejo profesional:

Estire al máximo sus hombros hacia atrás todo el tiempo.

Pregunta

¿Se puede despegar la pelvis del suelo al momento de la extensión máxima?

Respuesta

Eso no provoca consecuencias negativas en la columna vertebral. Sin embargo, acentúa el desequilibrio.

Compruebe sus nociones de dietética

¿Cuál es el porcentaje de lípidos necesario para una alimentación balanceada?

a) 30%
b) 35%
c) 45%

· ·

Respuesta: b) 35%.

Postura 2
Flexión lateral del tronco

Descripción

Sentado en flor de loto, estire los brazos lo más atrás de la cabeza que pueda sosteniendo los codos con sus manos. Flexione así al máximo el tronco hacia un lado durante 8 segundos exhalando suavemente por la boca. Levante el tronco poco a poco inhalando por la nariz.

Relájese por completo durante unos 10 segundos antes de invertir la posición.

Repetición

Haga 4 series alternadas.

Variante

Realice la misma técnica extendiendo los brazos verticalmente.
Repita 4 veces.

El bebé y su mamá

El peso ideal para un bebé varía entre 3 y 3.25 kg. En general, la madre aumenta aproximadamente 12 kg.

La placenta pesa más o menos 700 g; en cuanto al líquido amniótico, puede pesar hasta 1 kg. La sangre y el agua corresponden a 2.5 kg aproximadamente; la grasa de reserva puede alcanzar 4 kg; en cuanto al aumento de peso de los senos y del útero, puede ser de casi 1.5 kg.

El tiempo para recuperar la silueta varía de una persona a otra, pero en general es de un año.

La mayoría de las madres que hacen ejercicio y se cuidan tiene una figura mucho más delgada después de haber dado a luz.

Postura 3
Estiramiento de las piernas

Descripción

De pie, con los brazos elevados, coloque una pierna (toda la pierna, si le es posible) sobre un soporte. En esa posición, aleje la otra del soporte progresivamente. Mantenga la extensión máxima durante 20 segundos inhalando por la nariz y exhalando lentamente por la boca.

Relájese por completo durante unos 10 segundos antes de invertir la posición.

Repetición

Haga 4 series alternadas.

Variante

Realice la misma técnica inclinando el tronco lateralmente del lado opuesto al soporte.
Repita 4 veces.

Dedos entrelazados
Brazos extendidos al máximo
Palmas hacia afuera
Cabeza erguida
Espalda derecha
Piernas estiradas
Pie paralelo al soporte

Consejo profesional:

La espalda debe mantenerse derecha y completamente inmóvil; evite inclinarse hacia adelante.

Pregunta

¿Se puede hacer una retroversión de la pelvis con esta técnica?

Respuesta

¡Sí! Pero eso modifica considerablemente la postura. No lo haga a menos que tenga una hiperlordosis (riñones ahuecados).

Para evitar al máximo los deslices de los golosos... conozca los valores calóricos de los antojos

25 cl de Coca Cola *light*: 2 cal
1 manzana: 80 cal
1 yogur semidescremado de sabor: 80 cal
1 plátano o banano: 140 cal
1 sándwich de jamón: 220 cal
1 hamburguesa pequeña: 250 cal
Medio pan tipo baguette: 250 cal
1 barra de chocolate: 285 cal
1 pequeña malteada de chocolate: 350 cal
100 g de galletas de mantequilla: 400 cal
1 porción de mousse de chocolate: 445 cal
1 porción de papas fritas: 450 cal
1 hamburguesa "con todo": de 450 a 650 cal
1 sándwich de embutido y mantequilla: 550 cal
1 pan dulce con chocolate o chocolatín: 560 cal
1 ración de huevo con tocino: 580 cal

Compruebe sus nociones de dietética
¿Cuál es el porcentaje de carbohidratos necesario para una alimentación balanceada?
a) 35%
b) 55%
c) 70%

••••••••••••••••••••••••••
Respuesta: b) 55%.

Sesión detallada del lunes

Codos dirigidos hacia arriba

PARED

Rodilla en contacto con el pecho

Espalda derecha

Dedos entrelazados alrededor de la rodilla

Pie flexionado

Pierna de apoyo semiflexionada

Consejo profesional:

No flexione la espalda hacia adelante.

Pregunta

¿Se puede tomar la pierna en lugar de la rodilla?

Respuesta

¡No! Porque así es más difícil estirar el muslo en diagonal.

Compruebe sus nociones de dietética

¿Cuántas categorías de lípidos existen?

a) 5
b) 4
c) 3

• •

ácidos grasos.

los fosfolípidos, los triglicéridos y los

tegorías de lípidos: el colesterol,

Respuesta: b) Existen 4 ca-

Postura 4

Levantamiento diagonal de la rodilla hacia el hombro opuesto

Descripción

De pie, pegado a una pared, acerque la rodilla derecha en diagonal, con ayuda de las manos, hacia el pectoral izquierdo. Mantenga la posición de estiramiento máximo durante 20 segundos inhalando por la nariz y exhalando suavemente por la boca.

Relájese por completo durante unos 10 segundos antes de invertir la posición.

Repetición

Haga 4 series alternadas.

Variante

Realice la misma técnica con la pierna estirada hacia adelante (es mucho más difícil).

Repita 4 veces.

Ha bajado de peso y no desea engordar...

Para lograrlo, siga estos consejos:
– **coma de todo;**
– **reduzca las cantidades;**
– **evite saltarse comidas;**
– **recuerde siempre equilibrar sus alimentos, repartidos de la siguiente manera: 55% de carbohidratos, 30% de lípidos y 15% de proteínas;**
– **mastique lentamente;**
– **tenga siempre a la mano alimentos hipocalóricos como yogures semidescremados (los *lights* son menos ricos y no justifican la diferencia calórica), frutas (que siempre son mejores para la salud que las galletas) y legumbres como las zanahorias.**
Esto le permitirá comer sin aumentar kilos.
Y sobre todo ¡hidrátese! No olvide que el agua quita el hambre.

Espalda y computadora

¡Es impresionante el número de personas que se quejan de dolores diversos debidos a una mala postura ante la computadora !

¿El remedio? Consiste en un conjunto de factores:

1. Tener un escritorio diseñado conforme a las normas ergonómicas; rechace los escritorios con curvas, desde luego estéticos, pero nada funcionales.

2. Sentarse en una silla adaptada a su morfología.

3. Medir bien la distancia entre la silla y la computadora (que también debe estar a la altura correcta).

4. Hacer una pausa de algunos minutos cada dos horas para estirar la espalda en diversas direcciones y relajarse.

5. Cerrar los ojos durante 1 o 2 minutos cuando sienta cansancio ocular.

6. Darse masaje durante 30 segundos en círculos (en el sentido de las agujas del reloj) y suavemente en la región lumbar antes de levantarse.

7. Cuidar que los antebrazos siempre estén por encima del escritorio (lo que lo forzará a acercar su silla al escritorio y a colocar mejor su espalda).

Cinco ejercicios posibles

Haga uno de los ejercicios siguientes para relajar su cuerpo después de haber trabajado ante la computadora; elija el que más le convenga:

- Rotaciones lentas del cuello en un sentido y luego en otro (a realizar por lo menos 8 veces alternando).
- Rotación hacia atrás de los hombros (a realizar 6 veces).
- Estiramiento de brazos paralelos por encima de la cabeza (a realizar por lo menos 3 veces durante 20 segundos cada uno).
- Encorvar la espalda baja (a realizar por lo menos 4 veces durante 20 segundos cada vez).
- Estiramiento de las piernas hacia adelante estando sentado (a realizar 3 veces durante 15 segundos cada vez).

Programa del martes en 15 minutos

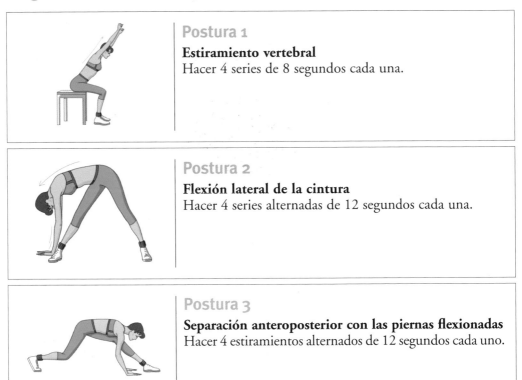

Postura 1
Estiramiento vertebral
Hacer 4 series de 8 segundos cada una.

Postura 2
Flexión lateral de la cintura
Hacer 4 series alternadas de 12 segundos cada una.

Postura 3
Separación anteroposterior con las piernas flexionadas
Hacer 4 estiramientos alternados de 12 segundos cada uno.

Postura 4
Estiramiento en diagonal de la pierna
Hacer 4 estiramientos alternados de 15 segundos cada uno.

No olvide relajarse completamente respirando lo más lento que pueda entre cada postura.

Levántese lentamente exhalando por la boca al final de la sesión.

La descripción detallada de estas técnicas se encuentra en las páginas siguientes.

Postura 1
Estiramiento vertebral

Descripción

Sentado, con los brazos elevados, estírelos hacia arriba al máximo con el cuerpo inclinado hacia adelante durante 8 segundos, exhalando suavemente por la boca. Inhale por la nariz bajando poco a poco los brazos por los costados. Relájese por completo durante unos 10 segundos antes de empezar de nuevo.

Repetición

Haga 4 series.

Variante

Practique la misma postura separando más los brazos. Repita 4 veces.

Puños apretados — Brazos extendidos, separados y alineados con los hombros
Espalda recta inclinada hacia adelante
Piernas ligeramente separadas
Pies en el suelo

Consejo profesional:

Verifique que esté sentado en la mitad del asiento y no completamente en el borde.

Pregunta

¿Hasta dónde se debe inclinar el cuerpo hacia adelante?

Respuesta

Hasta unos 45°.

¿Qué es un esguince cervical?

Es una lesión del conjunto discoligamentoso que se compone de tres segmentos: el segmento anterior (disco), el segmento medio (ligamento vertebral común posterior, cápsulas articulares) y el segmento posterior (ligamento interespinoso).

El esguince se produce por un movimiento excesivo de flexión-extensión al momento de una caída o cuando hay un traumatismo indirecto asociado con un movimiento de rotación. Puede suceder durante un *randori* (enfrentamiento amistoso de dos judokas), un clavado o una caída en equitación, por ejemplo.

En el caso de un esguince benigno, el ligamento interespinoso y las cápsulas se estiran.

En el caso de un esguince grave, hay ruptura del ligamento interespinoso de la cápsula o del ligamento vertebral posterior. De la misma forma se manifiesta una rotura del disco.

Compruebe sus nociones de dietética

La celulosa proviene de:

a) la glucosa
b) la maltosa
c) la galactosa

• •

Respuesta: a) La celulosa proviene de la glucosa, que es un azúcar rápido.

Sesión detallada del martes

Cabeza hacia abajo

Espalda recta

Piernas extendidas

Manos en el suelo por fuera de los pies

Brazos extendidos al máximo alineados con los hombros

Consejo profesional:

Evite arquear la región lumbar; debe mantenerse lo más recta posible.

Pregunta

¿Se deben separar las piernas al máximo?

Respuesta

Si es posible, sí. Sin embargo, es preferible separar menos las piernas y conservar los pies paralelos, más que separarlas mucho rotando los pies hacia afuera.

Compruebe sus nociones de dietética

¿Qué es el índice glucémico?
a) el porcentaje de carbohidratos almacenados en el organismo
b) el nivel de azúcares complejos en el organismo
c) la medida de la elevación del nivel de azúcar en la sangre

• •

Respuesta: c) la medida de la elevación del nivel de azúcar en la sangre.

Postura 2
Flexión lateral de la cintura

Descripción

De pie, con las piernas bien separadas, flexione el tronco hacia la parte externa de una pierna. Coloque las manos en el suelo. Estire así la espalda lo más adelante que pueda durante 12 segundos inhalando por la nariz y exhalando por la boca.

Relájese completamente durante unos 12 segundos antes de cambiar de lado.

Repetición

Haga 4 series alternadas.

Variante

Practique la misma postura flexionando la pierna del lado hacia donde coloca las manos. Repita 4 veces alternando.

Factores que favorecen el lumbago en un deportista

Las más de las veces se trata de la suma de varias causas:
– **hacer un esfuerzo importante en estado de insuficiencia muscular;**
– **ejercitarse en un suelo demasiado duro;**
– **no llevar un calzado adaptado al entrenamiento o al terreno;**
– **padecer un desequilibrio abdominopélvico;**
– **tener una malformación vertebral;**
– **repetir movimientos violentos, nefastos para el raquis.**

¿Qué disposiciones tomar?
– **la radiografía, que es el control más común;**
– **otras pruebas (solicitadas para una posible intervención quirúrgica): escáner, exámenes biológicos, IRM (imágenes por resonancia magnética), discografía, electromiograma, radiculografía.**

Sesión detallada del martes

Postura 3
Separación anteroposterior con las piernas flexionadas

Descripción

De pie, coloque las piernas flexionadas separadas: una hacia adelante, la otra hacia atrás, apoyándose en el suelo con las manos. Mantenga la separación máxima durante 12 segundos inhalando por la nariz y exhalando muy lentamente por la boca.

Relájese por completo durante unos 20 segundos antes de invertir la posición.

Repetición

Haga 4 series alternadas.

Variante

Realice la misma postura con las piernas estiradas. Repita 4 veces alternando.

Hombros estirados hacia atrás
Espalda recta
Brazos flexionados
Manos apoyadas en el suelo a cada lado del cuerpo
Planta del pie apoyada en el suelo

Consejo profesional:

Alinee bien las piernas en su eje.

Pregunta

¿Se debe flexionar una pierna más que la otra?

Respuesta

¡Por supuesto que no! Las flexiones para esta postura deben ser simétricas para mantener el equilibrio del cuerpo.

Mantenerse en forma después de los 50 años

Después de los 50, la menstruación tiende a desaparecer. Una mujer menopáusica ya no ovula y no produce hormonas femeninas. La procreación se vuelve imposible.

Actualmente, los tratamientos hormonales de sustitución disminuyen los famosos "bochornos" y actúan de manera benéfica en las articulaciones, el sueño, la sequedad vaginal y la masa ósea (prevención de la osteoporosis).

También se comprueba que, gracias a estos tratamientos, muchas mujeres mantienen su capacidad para estar en forma, ya que no sufren las incomodidades de los sinsabores de la menopausia.

A los 50 o 55 años, una mujer deportista y entrenada no padece más que una disminución relativamente débil de su desempeño comparado con el que tenía a los 40 o 45 años. Conclusión: ¡se permite tener esperanzas!

Compruebe sus nociones de dietética

Las proteínas se componen de aminoácidos. ¿Cuántos diferentes hay?

a) 8
b) 10
c) 20

Respuesta: c) 20: el triptófano, la valina, la isoleucina, la licina, la leucina, la fenilalanina, la metionina, etcétera.

Sesión detallada del martes

Piernas extendidas al máximo

Pies flexionados

Brazos flexionados sosteniendo la pantorrilla

Codos flexionados dirigidos hacia arriba

Cabeza en el suelo

Consejo profesional:

No despegue los hombros del suelo.

Pregunta

¿Se puede levantar la cabeza con un pequeño cojín para realizar esta técnica?

Respuesta

Sí, si lo considera necesario.

Compruebe sus nociones de dietética

La asimilación de proteínas requiere energía. ¿Cuántas calorías se queman por 100 calorías provenientes de las proteínas?

a) 15
b) 25
c) 35

••••••••••••••••••••••••

Respuesta: a) 15.

Postura 4
Estiramiento en diagonal de la pierna

Descripción

Boca arriba, con las piernas extendidas, eleve una pierna en diagonal durante 15 segundos inhalando por la nariz y exhalando suavemente por la boca.
Relájese por completo durante unos 20 segundos antes de invertir la posición.

Repetición

Haga 4 series alternadas.

Variante

Realice la misma técnica con la pierna levantada flexionada. Repita 4 veces alternando.

Cuide su talón de Aquiles

La ruptura de un talón de Aquiles puede producirse en cualquier momento. ¿Cómo reconocerla? En general, el dolor es intenso y provoca una incapacidad de movimiento inmediata. Después de este traumatismo, es posible que se requiera enyesarlo unos 3 meses, o una intervención quirúrgica (en este caso es conveniente estar inmovilizado de 3 a 6 semanas después de la operación). Cuando se quita el yeso, hay un riesgo de recaída durante 2 meses.

¿Qué hacer cuando ya se puede caminar de nuevo?
– Usar muletas para desplazarse.
– Usar plantillas para elevar el pie.
– Hacer ejercicios proprioceptivos (propriocepción: la sensibilidad propia de los huesos, tendones, músculos, articulaciones, que informa acerca de la estática, el equilibrio y el desplazamiento del cuerpo en el espacio), que le indicará el fisioterapeuta.
– Darse masajes drenantes del tobillo y de los pies.
– Realizar ejercicios de movilización de las articulaciones del pie, del tobillo, en flexión y de la rodilla doblada.

La ruptura del talón de Aquiles puede ser más frecuente en personas con diálisis.

Actividad física y dolores de espalda

El entrenamiento físico es la mejor prevención para los dolores de espalda. Éstos pueden deberse, entre otras cosas, a lumbagos recurrentes provocados por tensiones musculares o fatiga, que crean zonas dolorosas.

Respecto a las contracciones, suelen causar congestiones circulatorias en los músculos, que son más importantes debido a que éstos trabajan demasiado.

Las vértebras también pueden sufrir traumatismos (como fracturas, desplazamientos, etcétera).

Los nervios no están exentos de irritación en la zona lumbar, debida, por ejemplo, a un encogimiento del canal raquídeo de las vértebras.

Las distensiones de los discos intervertebrales, con el transcurso del tiempo, no son raras. Puede haber una protuberancia discal (indolora y que a menudo se arregla sola), desgarre o "ruptura", lo que origina una hernia.

No olvide que un tendón puede inflamarse y originar un dolor dorsal.

Malas noticias: después de los 30 años, los discos se degeneran y se deshidratan.

Cuando un disco dañado comprime un nervio ciático (hay dos), se provoca una ciática. Puede ser dolorosa, y se manifiesta a menudo a través de sensaciones de entumecimiento del pie y de la pierna.

Una certeza

La actividad física constituye una prevención importante al cabo de los años, tanto para las vértebras como para los ligamentos, los tendones y los músculos.

Mientras más pronto se comprenda esto, mejor.

La artrosis o el exceso de actividad deportiva, o incluso ejercicios mal realizados, también pueden ser causantes de los lumbagos.

Por eso es necesario ejercitar siempre el cuerpo con movimientos simétricos, sin violencia e intentando mejorar la amplitud articular con suavidad.

Programa del miércoles en 15 minutos

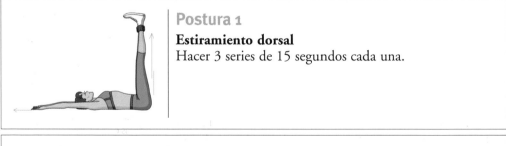

Postura 1
Estiramiento dorsal
Hacer 3 series de 15 segundos cada una.

Postura 2
Flexión lateral
Hacer 4 estiramientos alternados de 10 segundos cada uno.

Postura 3
Separación de las piernas
Hacer 3 estiramientos alternados de 15 segundos cada uno.

Postura 4
Estiramiento de la espalda y de las piernas
Hacer 4 estiramientos alternados de 10 segundos cada uno.

No olvide relajarse completamente respirando lo más lento que pueda entre cada postura.

Levántese lentamente exhalando por la boca al final de la sesión.

La descripción detallada de estas técnicas se encuentra en las páginas siguientes.

Postura 1
Estiramiento dorsal

Descripción

Boca arriba, con las piernas elevadas y los brazos estirados hacia atrás de la cabeza, alargue las piernas hacia arriba y los brazos hacia atrás durante 15 segundos, inhalando por la nariz y exhalando lentamente por la boca.
Relájese por completo durante unos 10 segundos antes de empezar de nuevo.

Repetición

Haga 3 series.

Variante

Realice la misma postura con las piernas y los brazos separados.
Repita 3 veces.

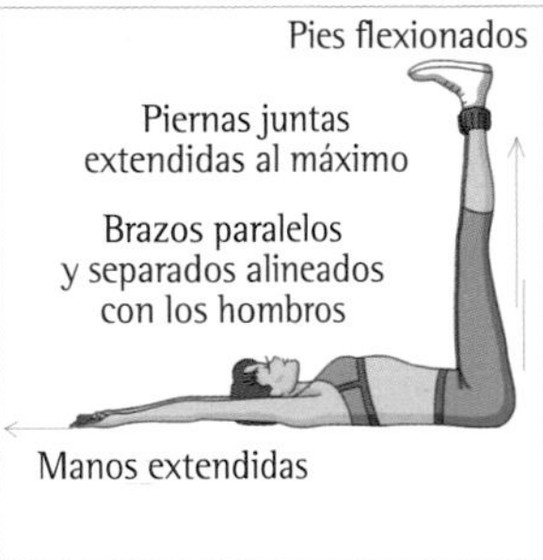

Pies flexionados

Piernas juntas extendidas al máximo

Brazos paralelos y separados alineados con los hombros

Manos extendidas

Consejo profesional:

Pegue bien las vértebras lumbares al suelo.

Pregunta

¿Se debe elevar ligeramente la pelvis durante la postura?

Respuesta

¡No! Debe mantenerse completamente apoyada en el suelo.

Para tener una bella cabellera, consuma alimentos que contengan zinc

Una caída anormal del cabello puede deberse a una insuficiencia de este elemento. Se le encuentra básicamente en las ostras, los champiñones, pero también en los cereales y el pan integral, las legumbres secas y las carnes magras. El zinc es esencial para las mujeres embarazadas y desempeña un papel preventivo para la piel.

Evite beber té o café al final de una comida en la que haya consumido ostras, ya que la teína y la cafeína dañan la asimilación del zinc.

Compruebe sus nociones de dietética
¿Cuántas categorías de ácidos grasos existen?
a) 1
b) 2
c) 4

• •

Respuesta: b) 2: los ácidos grasos saturados y los ácidos grasos insaturados.

Sesión detallada del miércoles

Tronco flexionado lateralmente
Brazos extendidos al máximo
Palmas dirigidas hacia adentro
Dedos entrelazados
Piernas separadas
Empeines en contacto con el suelo

Consejo profesional:

El cuerpo debe estar flexionado lateralmente; nunca hacia adelante.

Pregunta

¿Se puede despegar un poco del suelo la rodilla opuesta al lado flexionado de la cintura?

Respuesta

¡No! Debe mantenerse perfectamente apoyada en el suelo.

Compruebe sus nociones de dietética

¿Cuál es la carne más magra?
a) la de res
b) la de cordero
c) la de caballo

• •

Respuesta: c) La carne de caballo: sólo contiene 2% de grasa.

Postura 2
Flexión lateral

Descripción

De rodillas, con los brazos elevados atrás del cuerpo: flexione lateralmente la cintura exhalando por la boca durante 10 segundos. Inhale suavemente por la nariz al erguirse. Relájese por completo durante unos 10 segundos antes de invertir la posición.

Repetición

Haga 4 series alternadas.

Variante

Realice la misma técnica con las palmas dirigidas hacia afuera (es un poco más difícil).
Repita 4 veces alternando.

Desconfíe de los vapores de cloramino

Recientemente se ha descubierto que vapores de cloramino (cloro y amoniaco), nefastos para las vías respiratorias, se emiten en las piscinas techadas cloradas. Provienen de reacciones químicas entre desinfectantes clorados, sudor y orina de los nadadores.

Estos vapores pueden crear irritaciones de los bronquios, provocar flujos nasales o eventualmente conducir a un principio de asma. También se comprobaron lesiones bronquíticas en los niños de casi 10 años. Estas lesiones pueden compararse con las que presentan algunos fumadores adultos.

Por lo tanto, por precaución, opte por acudir a piscinas al aire libre o disminuya la frecuencia de sus entrenamientos en las piscinas techadas. De cualquier forma conviene no alarmarse demasiado ya que otros factores intervienen (como la ventilación de la piscina o la calidad del sistema de depuración).

Postura 3
Separación de las piernas

Descripción

Sentado, con las piernas separadas frente a un soporte (silla, mesa, etc.) y las manos sosteniendo el soporte ante usted: flexione al máximo los brazos para acercar lo más que pueda el tronco, y sobre todo la pelvis, al soporte durante 15 segundos, inhalando por la nariz y exhalando por la boca lo más lento que pueda.

Relájese completamente durante unos 20 segundos antes de empezar de nuevo.

Repetición

Haga 3 series alternadas.

Variante

Realice la misma postura elevando su pelvis con un directorio, un cojín, una toalla grande, etcétera.
Repita 3 veces.

Pies flexionados
Cabeza levantada
Brazos flexionados paralelos al suelo
Piernas extendidas al máximo

Consejo profesional:

Intente colocar su pelvis lo más perpendicular que pueda al suelo.

Pregunta

¿Se pueden colocar las manos detrás apoyadas en el suelo en lugar de ponerlas sobre el soporte?

Respuesta

Si las pone en el suelo, recuerde estirar sus hombros hacia atrás, mantenga la espalda derecha y, con sus manos, adelante la pelvis lo más que pueda hacia el soporte.

¿Cómo se reconoce un síndrome de rótula?

En general, se le reconoce cuando se suben o se bajan escaleras y se resienten dolores en la rótula aunados a una inestabilidad de la articulación. Puede también haber una inflamación de la articulación. Los dolores pueden presentarse cuando se camina en un terreno irregular o accidentado. Es difícil ponerse en cuclillas sin dolor. La inestabilidad provocada por la sensación de que las piernas no sostienen al cuerpo se debe a una alteración del cuádriceps. Por lo tanto, es importante respetar cuidadosamente los posicionamientos articulares en los deportes o disciplinas practicadas. En el stretching es necesario cuidar, en todas las posturas, que las articulaciones de las rodillas coincidan con el eje de las piernas.

Compruebe sus nociones de dietética

El aporte diario recomendado de vitamina B12 es de:
a) 1 mg
b) 2 mg
c) 4 mg

• •
Respuesta: b) 2 mg. Se la encuentra en el pescado, el huevo, la carne y los lácteos.

Sesión detallada del miércoles

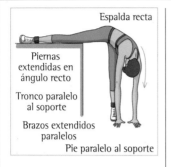

Espalda recta

Piernas extendidas en ángulo recto

Tronco paralelo al soporte

Brazos extendidos paralelos

Pie paralelo al soporte

Consejo profesional:

Coloque su pelvis lo más cerca que pueda del soporte.

Pregunta

¿Se puede flexionar la pierna de apoyo si se pierde el equilibrio?

Respuesta

¡Sí! También puede apoyarse con una mano en el soporte, si no tiene ninguna estabilidad. Elija bien la altura del soporte, cualquiera que éste sea (mesa, mueble, silla), para que no esté demasiado alto durante la fase de estiramiento.

Compruebe sus nociones de dietética

Las sales minerales provienen de:
a) 7 cuerpos
b) 8 cuerpos
c) 9 cuerpos

• •

.(oisatop y orofsòf ,ois
-engam ,orolc ,oidos ,oiclac ,ert
-uza) soprouc 7 (a :**atseupseR**

Postura 4
Estiramiento de la espalda y de las piernas

Descripción

De pie, coloque, en la medida de lo posible, toda una pierna sobre un soporte (cómoda, mesa, sofá) y estire así sus manos en el suelo delante de la pierna de apoyo durante 10 segundos exhalando por la boca. Levante el tronco muy lentamente inhalando por la nariz y flexionando la pierna de apoyo.

Relájese por completo durante unos 20 segundos antes de invertir la posición.

Repetición

Haga 4 series alternadas.

Variante

Realice la misma técnica enlazando los dedos con las palmas hacia afuera.

Una mezcla para estar en forma: melón, plátano y naranja

En época de calor, para enfrentar mejor una jornada pesada tome una buena dosis de vitaminas preparando la siguiente mezcla: un pequeño melón con dos bananas o plátanos y dos naranjas. Añada hielo frapé y eventualmente azúcar si se dispone a realizar un ejercicio físico.

Esta mezcla contiene proteínas, lípidos (en muy pequeñas cantidades), carbohidratos, agua, calcio, potasio, magnesio, fibra y vitaminas C, B6 y A (betacaroteno).

Y lo más importante: consuma esta bebida ¡recién hecha!

Eliminar los calambres

Llegan en el momento menos esperado.

Para combatirlos mejor, hay que conocer sus causas. Pueden deberse a:
- un exceso de actividad física;
- un calentamiento insuficiente o mal practicado;
- una ausencia de tiempo de recuperación o una insuficiencia de fases de reposo;
- una falta de hidratación;
- una realización defectuosa del movimiento;
- un aporte muy reducido de potasio, magnesio o calcio;
- una insuficiencia venosa (sólo incumbe a los calambres nocturnos).

Los terapeutas recomiendan baños calientes (salvo en caso de mala circulación), masajes y sesiones de fisioterapia. A menudo recetan también derivados de quinina, miorrelajantes (que favorecen la relajación muscular), magnesio, calcio, potasio, venotónicos y vitamina B.

En el lugar de los hechos, la persona que sufra un calambre debe acostarse, y el miembro afectado debe colocarse en hiperextensión con suavidad (por ejemplo, si es el pie o la pantorrilla, flexionar el pie al máximo). También conviene hidratar a la persona con agua al tiempo, ligeramente salada o azucarada. Si es posible, darle un alimento rico en vitamina B1 (tiamina, que se encuentra en el pan integral, la leche o la mantequilla) o en vitamina B6 (piridoxina, que se encuentra en las frutas o verduras, por ejemplo).

Los calambres persistentes pueden provenir del ámbito patológico, neurológico, endocrino o vascular.

El calcio y la vitalidad

El calcio es indispensable para el organismo, particularmente para el corazón y la circulación, la transmisión de los influjos nerviosos, la osamenta y la dentición. También interviene en el tono muscular. Los calambres musculares son a menudo el signo de un consumo insuficiente de calcio.
¿Dónde se le encuentra?
En los lácteos, los cítricos, las verduras y las frutas secas, algunos pescados enlatados, el agua y la soya. Una sobredosis de calcio es muy poco frecuente y, si fuese el caso, no tiene consecuencias. Por lo tanto, es importante cuidar su alimentación, sobre todo al envejecer, para evitar que el organismo no extraiga calcio directamente del esqueleto.

Programa del jueves en 15 minutos

Postura 1
Estiramiento lateral de la espalda alta
Hacer 3 series de 15 segundos cada una.

Postura 2
Extensión de la cintura en flexión lateral
Hacer 4 series alternadas de 8 segundos cada una.

Postura 3
Flexión hacia adelante del tronco
Hacer 4 series alternadas de 12 segundos cada una.

Postura 4
Estiramiento de los aductores
Hacer 4 series alternadas de 12 segundos cada una.

No olvide relajarse completamente respirando lo más lento que pueda entre cada postura.

Levántese lentamente exhalando por la boca al final de la sesión.

La descripción detallada de estas técnicas se encuentra en las páginas siguientes.

Postura 1
Estiramiento lateral de la espalda alta

Descripción

De pie o sentado, coloque los brazos abiertos (en cruz) estirándolos al máximo durante 15 segundos inhalando por la nariz y exhalando por la boca lo más lento que pueda. Relájese durante unos 10 segundos antes de empezar de nuevo.

Repetición

Haga 3 series.

Variante

Realice la misma postura con los puños apretados. Repita 3 veces.

Dedos juntos extendidos

Brazos paralelos al suelo

Piernas flexionadas

Pies paralelos

Consejo profesional:

Estire los hombros lo más atrás que pueda.

Pregunta

¿Se puede realizar esta postura con los brazos más elevados?

Respuesta

¡Sí! Pero esto no involucra exactamente las mismas fibras musculares.

El paracetamol y los dolores de espalda

Si bien el paracetamol alivia el dolor, no actúa en las inflamaciones. A menudo se receta para aliviar los dolores de espalda (se puede obtener sin receta médica).

Generalmente, el paracetamol no provoca irritación en el estómago.

No hay que tomar más de 4000 mg al día. Respete los plazos indicados entre las tomas.

Se suele recetar a las personas que sufren trastornos renales o hepáticos.

Compruebe sus nociones de dietética

¿Desde cuándo son reconocidos los médicos nutricionistas?
a) 1991
b) 1995
c) 1998

Respuesta: a) desde 1991.

Sesión detallada del jueves

Dedos juntos extendidos
Brazo extendido y elevado
Hombro estirado hacia atrás al máximo
Brazo de apoyo extendido
Mano de apoyo y pies en una misma línea

Consejo profesional:

La espalda debe mantenerse recta; evite especialmente acentuar la lordosis lumbar natural.

Pregunta

¿Es posible flexionar un poco el brazo de apoyo?

Respuesta

¡Sí! Sin embargo, cuide que esto no modifique la colocación de la espalda.

Compruebe sus nociones de dietética

La coliflor se conoce desde:
a) 1 500 años
b) 2 500 años
c) 3 000 años

· ·

Respuesta: b) desde hace 2500 años. Es poco calórica: 24 calorías por 100 g.

Postura 2
Extensión de la cintura en flexión lateral

Descripción

A partir de la posición hincada, con el brazo derecho extendido y elevado, suba lateralmente la pierna derecha, apoyándose en el brazo izquierdo. Sostenga la postura durante 8 segundos exhalando por la boca. Inhale por la nariz hincándose lentamente de nuevo.

Relájese durante unos 10 segundos antes de invertir la posición.

Repetición

Haga 4 series alternadas.

Variante

Realice la misma técnica despegando del suelo la pierna extendida.

Repita 4 veces alternando.

¿Qué es el stretching balístico?

No se enseña y no forma parte de los diferentes métodos de referencia citados al principio de esta guía. Por lo tanto, no está emparentado con el stretching *Ballistic and Hold*. Se compone de movimientos muy rápidos que comportan pequeños saltos para mejorar la elasticidad muscular.

Algunos entrenadores de gimnasia de suelo lo hacían practicar en el pasado para perfeccionar la dinámica del movimiento de gran amplitud. De cualquier modo, ese stretching dinámico no está al alcance de todos, ya que es el más tónico de todos los métodos.

Postura 3
Flexión hacia adelante del tronco

Descripción

De pie, con un pie delante del otro, flexione el tronco hacia el frente levantando el pie delantero. Acerque así al máximo el tronco a la pierna durante 12 segundos inhalando por la nariz y exhalando por la boca lo más lento que pueda. Relájese completamente durante unos 15 segundos antes de volver a empezar.

Repetición

Haga 4 series alternadas.

Variante

Practique la misma técnica flexionando la pierna trasera. Repita 4 veces alternando.

Brazos extendidos al máximo separados y alineados con los hombros

Piernas extendidas

Dedos del pie despegados

Manos en el suelo a cada lado de la pierna delantera

Consejo profesional:

Intente colocar el vientre y el pecho sobre la pierna, no la frente.

Pregunta

¿Se pueden alejar los pies uno de otro en lugar de hacerlos tocarse?

Respuesta

Si la técnica básica le parece demasiado difícil, puede separar el pie trasero, pero debe mantenerse en el mismo eje del otro.

Compruebe sus nociones de dietética

¿Cuántas especies de judías, alubias o frijoles existen?

a) 40
b) 80
c) 200

• •

Respuesta: c) 200. Contienen fibra, potasio, betacaroteno y vitaminas A, B y C.

¿Qué hacer si se padece de un esguince externo del tobillo?

Por supuesto, esto no ocurre a menudo, pero es importante tratar cuidadosamente este traumatismo. Según los especialistas, el tratamiento del esguince debe someterse a tres condiciones:
– inmovilizar con yeso o vendaje;
– conservar la protección de 3 a 8 semanas según la importancia del esguince,
– seguir una rehabilitación para recobrar la capacidad articular inicial y la estabilidad.
El entrenamiento proprioceptivo (la propriocepción es la sensibilidad propia a los huesos, a los músculos, a los tendones y a las articulaciones, que informa acerca de la estática, el equilibrio y el desplazamiento del cuerpo en el espacio) comienza en cuanto la articulación del tobillo ya no duele.
El terapeuta recomienda en general masajes drenantes del pie y del tobillo, la inmovilización de la articulación, un tratamiento de ionización y de ondas centimétricas (realizadas por el fisioterapeuta) y un fortalecimiento muscular de los peronés laterales, así como de los diversos grupos musculares en el caso de una inmovilización por yeso.

Sesión detallada del jueves

Pie flexionado

Pierna extendida al máximo

Mano sosteniendo el tobillo o la planta del pie por dentro

Pierna de apoyo semiflexionada

Consejo profesional:

Además de elevar la pierna al máximo, intente también llevarla lo más atrás que pueda sin mover la espalda.

Pregunta

¿Cómo lograr mantenerse en equilibrio?

Respuesta

De espaldas contra una pared, apoye todo su cuerpo con suavidad. Esto ayudará de manera eficaz.

Compruebe sus nociones de dietética

¿Cuántos lípidos contiene una manzana de 100 g?

a) 0.4 g
b) 0.9 g
c) 1.2 g

· · · · · · · · · · · · · · · · ·

Respuesta: a) 0.4 g. Contiene también 0.2 g de proteína, 15 g de carbohidratos y 2.2 g de fibra. –

Postura 4
Estiramiento de los aductores

Descripción

De pie, colocado de espalda contra una pared, eleve lateralmente una pierna. Mantenga su elevación máxima durante 12 segundos inhalando y exhalando por la nariz lo más lento que pueda.

Relájese completamente durante unos 15 segundos antes de invertir la posición.

Repetición

Haga 4 series alternadas.

Variante

Realice la misma técnica manteniendo con la mano el extremo del pie de la pierna levantada.
Repita 4 veces.

La dieta disociada: vuelve a estar de moda, pero ¿qué opinar de ella?

Su principio es disociar los alimentos sin considerar las cantidades. Por ejemplo, conviene no asociar:
– las proteínas entre ellas;
– los carbohidratos y los lípidos;
– las frutas y los carbohidratos;
– las proteínas y los lípidos.

Por otro lado, se pueden asociar:
– las proteínas y las verduras;
– las verduras, las frutas secas y los lípidos.

La característica principal de esta dieta sería suprimir el efecto de fermentación. Esta dieta permite perder peso mientras se lleve a cabo. Sin embargo, los kilos regresan muy rápido a partir del momento en que se regresa a una dieta normal. No es fácil de seguir si se tiene una vida muy activa, ni muy agradable en lo que respecta al sabor. No implica demasiadas carencias, pero nunca será tan eficaz como los buenos hábitos alimenticios.

Embarazo y actividad deportiva

Sin dificultades específicas, éstos son los consejos de los especialistas:

De 0 a 2 meses de embarazo
- ¡Evite el buceo!
- No hay contraindicaciones para practicar una actividad deportiva no violenta.

De 2 a 3 meses de embarazo
- Disminuya un poco la intensidad de la práctica deportiva.

De 4 a 8 meses de embarazo
- Practique gimnasia de mantenimiento al mismo tiempo que la preparación del parto. Esto permite evitar la amiotrofia muscular (atrofia de los músculos, en particular de los músculos estriados) y conservar la flexibilidad articulatoria y muscular, la aptitud de coordinación y la capacidad cardiaca al esfuerzo. Procure ejercitar sus músculos de manera simétrica.
- Puede practicar la natación sin inconvenientes.

De 8 a 9 meses de embarazo
- Se aconseja reposo.
- Puede continuar sentada, por ejemplo, y fortalecer sus pectorales y su espalda con ayuda de ejercicios apropiados para estirar y relajar la masa dorsal.

Después del parto
- Es necesario practicar 10 sesiones de fisioterapia.
- Es esencial esperar el regreso de la menstruación para retomar una actividad deportiva intensa.
- Los especialistas aconsejan esperar de tres a cuatro meses antes de retomar el deporte de manera intensiva.

Importante

No olvide que una mujer deportista tiene un parto más fácil: tiene una buena banda abdominal y una capacidad respiratoria más eficaz.

Programa del viernes en 15 minutos

Postura 1
Estiramiento general del cuerpo
Hacer 3 series de 15 segundos cada una.

Postura 2
Rotación de la cintura
Hacer 4 series alternadas de 8 segundos cada una.

Postura 3
Flexión del cuerpo hacia adelante
Hacer 4 series alternadas de 10 segundos cada una.

Postura 4
Estiramiento del muslo
Hacer 4 series alternadas de 8 segundos cada una.

No olvide relajarse completamente respirando lo más lento que pueda entre cada postura.

Levántese lentamente exhalando por la boca al final de la sesión.

La descripción detallada de estas técnicas se encuentra en las páginas siguientes.

Postura 1
Estiramiento general del cuerpo

Descripción

Sentado, con los brazos elevados a 45° y las piernas separadas a 45°: estire así los brazos y las piernas durante 15 segundos, inhalando por la nariz y exhalando por la boca lo más lento que pueda.
Relájese durante unos 12 segundos antes de empezar de nuevo.

Repetición

Haga 3 series.

Variante

Realice la misma postura con los miembros juntos.
Repita 3 veces.

Brazos extendidos al máximo
Puños cerrados
Hombros estirados lo más atrás que pueda
Espalda derecha
Pies flexionados
Piernas extendidas al máximo

Consejo profesional:

Mantenga toda la columna vertebral y los brazos en contacto con la pared durante el estiramiento.

Pregunta

¿Se puede elevar la pelvis con un pequeño cojín para realizar esta técnica?

Respuesta

Sí, si se siente mejor así.

Deportes y calorías en 15 minutos de práctica

Usted quisiera practicar algún deporte como complemento del stretching pero desea, antes de empezar, tener una idea del número de calorías quemadas en 15 minutos.
He aquí algunos ejemplos:
– en la gimnasia acuática se queman 155 calorías. Es una disciplina agradable, sin inconvenientes para las articulaciones;
– en la natación se queman unas 200 calorías. Se debe practicar bajo la vigilancia de un profesor si no se es un buen nadador (se pueden sufrir tensiones dorsales si se ejecutan mal los movimientos);
– la bicicleta permite quemar 150 calorías. Es un excelente deporte.

Compruebe sus nociones de dietética
¿Qué porcentaje de agua contiene el melón?
a) 90%
b) 95%
c) 98%

Respuesta: a) 90% de agua y, en pequeñas cantidades, proteínas, lípidos y carbohidratos. Contiene también vitaminas A y C.

Sesión detallada del viernes

Cabeza vuelta   Brazo extendido y paralelo al suelo
Pelvis de frente   Puño cerrado
Brazo flexionado   Tronco girado
Mano sobre el exterior de la rodilla

Consejo profesional:

Evite contraer las piernas durante la rotación; por el contrario, intente mantenerlas relajadas todo el tiempo.

Pregunta

¿Se puede flexionar el brazo paralelo al suelo?

Respuesta

¡Sí! Sin embargo, procure mantener perfectamente la postura en extensión de todo el cuerpo. La postura con el brazo extendido permite estabilizar mejor el cuerpo.

Compruebe sus nociones de dietética

¿En qué fecha apareció la dieta Weight Watchers?
a) en los años 1960
b) en los años 1970
c) en los años 1980

•••••••••••••••••••••••••••

Respuesta: a) en los años 1960. Consiste en una dieta hipocalórica con reuniones en donde se expresan dificultades y resultados.

Postura 2
Rotación de la cintura

Descripción

Sentado (en flor de loto de preferencia), con la mano derecha colocada sobre la rodilla izquierda: estire el brazo izquierdo al máximo y el tronco hacia la izquierda durante 8 segundos exhalando suavemente por la boca. Inhale por la nariz al regresar lentamente a la postura de frente. Relájese durante unos 10 segundos antes de invertir la posición.

Repetición

Haga 4 series alternadas.

Variante

Realice la misma postura con las piernas extendidas y separadas. Repita 4 veces.

Hablemos de masajes

Es imposible ignorar los beneficios de los masajes cuando se practica regularmente una actividad deportiva. Las técnicas básicas permiten relajar, tonificar o suavizar las zonas cutánea, subcutánea, aponeurótica, los nervios, los músculos y los tendones.

Cada técnica de masaje desempeña un papel preciso. Las diversas técnicas de masaje son:
– el rozamiento, que corresponde a presiones deslizadas superficiales (con un objetivo analgésico);
– presiones deslizadas profundas (que se practican a través de los drenajes linfáticos);
– las presiones estáticas (para mejorar la circulación);
– el amasamiento superficial (que corresponde a una malaxación de los tejidos subyacentes);
– el amasamiento profundo (para relajar la masa muscular);
– las fricciones (movilización de los tejidos, unos contra otros);
– y las vibraciones (que consisten en técnicas de percusiones y de sacudidas).

Postura 3
Flexión del cuerpo hacia adelante

Descripción

De pie, con el talón del pie derecho delante de los dedos del pie izquierdo y la pierna izquierda flexionada al máximo: flexione así el cuerpo lo más adelante que pueda durante 10 segundos inhalando por la nariz y exhalando muy suavemente por la boca. Levántese también muy lentamente en 10 segundos practicando el mismo ritmo respiratorio. Procure desarrollar la espalda vértebra por vértebra. Relájese por completo durante unos 12 segundos antes de empezar de nuevo.

Repetición

Haga 4 series.

Variante

Practique la misma técnica cruzando los pies. Repita 4 veces invirtiendo la posición de los pies cada vez.

Brazos flexionados (o extendidos en caso de falta de flexibilidad)
Espalda recta
Cabeza hacia abajo
Codos dirigidos hacia arriba
Pierna delantera extendida
Pierna trasera semi-flexionada
Talones en el suelo
Manos en el suelo

Consejo profesional:

Flexione la pierna trasera, sin despegar el talón delantero.

Pregunta

Si las manos no tocan el suelo, ¿es mejor dejarlas colgar hacia adelante o es preferible tomar las rodillas?

Respuesta

Es mejor tomar las piernas y tratar de llegar hasta los tobillos, centímetro a centímetro.

Dietética y aterosclerosis

La aterosclerosis proviene del espesamiento y endurecimiento de la pared de las arterias por medio de placas de ateroma (depósitos ricos en colesterol).

Los especialistas recomiendan generalmente limitar el consumo de alimentos que contengan demasiada grasa (particularmente los embutidos o carnes grasas), evitar el tabaco, comer pescados grasos (que contienen grasa buena), eliminar el alcohol e ingerir de preferencia alimentos que contengan antioxidantes (como las vitaminas C, E, el silicio y el magnesio). Los alimentos que se deben consumir preferentemente son, entre otros, el pan integral, las espinacas, la col, el apio, el berro, las judías o alubias blancas, la piña, el perejil, el kiwi y los cereales integrales.

Compruebe sus nociones de dietética

¿Cuál es el principio básico de la dieta Atkins?
a) eliminar todos los carbohidratos
b) eliminar todos los lípidos
c) reducir al máximo lípidos y carbohidratos.

••••••••••••••••••••••••••••

Respuesta: a) eliminar todos los carbohidratos (tanto los de índice glucémico elevado como de índice glucémico bajo).

Sesión detallada del viernes

Codos dirigidos hacia arriba

Manos rodeando la rodilla, dedos entrelazados

Brazos flexionados

Pierna semiflexionada

Pierna de apoyo perpendicular a la pared

Consejo profesional:

Lleve la rodilla lo más cerca del pecho que pueda flexionando los brazos al máximo sin inclinar el tronco hacia adelante.

Pregunta

¿Se puede realizar esta técnica sin apoyarse contra la pared?

Respuesta

¡Sí! Sin embargo, no olvide mantener la pierna de apoyo semiflexionada. ¡Eso es mucho más difícil!

Compruebe sus nociones de dietética

¿Cuál es el peso ideal para una mujer que mide 1.68 m?
a) 54 kg
b) 59 kg
c) 63 kg

· ·

Respuesta: b) 59 kg.

Postura 4
Estiramiento del muslo

Descripción

De pie, colocado contra una pared, acerque la pierna flexionada lo más que pueda hacia usted y hacia arriba exhalando lentamente por la boca durante 8 segundos. Inhale por la nariz relajando suavemente la pierna hacia el piso. La pierna de apoyo debe estar semiflexionada.

Relájese completamente durante unos 10 segundos antes de invertir la posición.

Repetición

Haga 4 series alternadas.

Variante

Realice la misma técnica flexionando la pierna de apoyo al máximo.

Repita 4 veces alternando.

Coma pastas el día anterior a sus entrenamientos deportivos

Las pastas son el platillo favorito de los maratonistas.
Ponga las pastas en agua hirviendo. Si son pastas frescas, déjelas cocer de 6 a 8 minutos. Si no lo son, unos 10 minutos. El truco: no olvide poner un poco de aceite en el agua; esto evita que el agua se desborde y que las pastas se aglutinen.
Por cada 100 g, las pastas ordinarias contienen 60 g de agua, 5.9 g de proteínas, 1.9 g de lípidos, 30 g de carbohidratos y corresponden a casi 140 calorías.
Las pastas son un alimento interesante debido a su riqueza en carbohidratos complejos que se consumen a medida que se les solicita físicamente.
Es importante no acompañarlas de salsas grasosas, pesadas e indigestas.

Contra el dolor: la mejor elección

Entre la aspirina, el paracetamol y el ibuprofeno, es difícil decidirse, ya que los tres son eficaces contra el dolor y la fiebre.

Como cualquier producto, no deben tomarse sin precaución. Es mejor consultar a un médico en el caso de tomas regulares.

El paracetamol es un analgésico antipirético (combate la fiebre y el dolor); por su parte, la aspirina tiene además un efecto antiinflamatorio. En cuanto al ibuprofeno, es un antiinflamatorio no esteroide de dosis muy fuerte, que puede emplearse como analgésico en dosis bajas.

La aspirina tiene efectos secundarios como, entre otros, acidez en los intestinos, daños a los riñones, un efecto antiagregante de plaquetas (lo que limita la formación de coágulos) y favorece las gastralgias, e incluso las úlceras.

Es necesario saber que a partir de 10 g de paracetamol absorbido en una sola toma, se origina un daño en los riñones y el hígado en los adultos. El paracetamol se recomienda a veces después de un partido o un entrenamiento desacostumbrado, para mitigar los dolores musculares.

Cuidado: la aspirina, el ibuprofeno y los antiinflamatorios deben evitarse durante los primeros tres meses de embarazo y omitirse en los últimos cuatro.

Consejo

No rebase las dosis prescritas.
Los especialistas aconsejan, por ejemplo, para la aspirina:
• Dosis infantil:
- 6 a 10 años: 250 mg cada 4 horas; el máximo aconsejado por día es de 1 500 mg.
- 10 a 12 años: 500 mg cada 6 horas; el máximo aconsejado por día es de 2 000 mg.
- 12 a 15 años: 500 mg cada 4 horas; el máximo aconsejado por día es de 3 000 mg.
• Adultos:
- 500 a 1 000 mg cada 4 a 6 horas; el máximo aconsejado por día es de 3 000 mg.
• Personas mayores:
- el máximo aconsejado por día es de 2 000 mg.

Programa del sábado en 15 minutos

Postura 1
Estiramiento de los hombros
Hacer 3 estiramientos de 8 segundos cada uno.

Postura 2
Rotación del tronco
Hacer 4 series alternadas de 15 segundos cada una.

Postura 3
Flexión del tronco sobre una pierna extendida
Hacer 4 estiramientos alternados de 8 segundos cada uno.

Postura 4
Estiramiento de los aductores
Hacer 3 estiramientos de 15 segundos cada uno.

No olvide relajarse completamente respirando lo más lento que pueda entre cada postura.

Levántese lentamente exhalando por la boca al final de la sesión.

La descripción detallada de estas técnicas se encuentra en las páginas siguientes.

Postura 1
Estiramiento de los hombros

Descripción

De pie: flexione el tronco hacia adelante, con los dedos entrelazados detrás de la nuca. Jale al máximo los codos hacia atrás durante 8 segundos exhalando profundamente por la boca. Inhale por la nariz al erguirse completamente con la espalda redondeada, lo más lento que pueda.
Relájese por completo durante unos 12 segundos antes de empezar de nuevo.

Repetición

Haga 3 series.

Variante

Realice la misma postura con las piernas flexionadas y muy separadas.
Repita 3 veces.

Dedos entrelazados detrás de la nuca
Espalda recta paralela al suelo
Manos sobre la nuca
Piernas extendidas y ligeramente separadas
Pies paralelos

Consejo profesional:

Nunca encorve la espalda; ésta debe mantenerse completamente recta.

Pregunta

¿Se puede realizar esta técnica con las piernas separadas apoyándose sobre los dedos de los pies?

Respuesta

¡Sí! Sin embargo, esta variante es muy difícil, aunque extremadamente eficaz para el stretching.

Los alimentos que favorecen el bronceado

Opte por consumir el albaricoque o chabacano deshidratado, que contiene aproximadamente 18 mg de betacaroteno. La zanahoria, la espinaca, el brócoli, el pomelo o toronja rosada, el perejil, el tomate, la calabaza, la papa y el pimiento rojo también son alimentos que pueden ayudar a su organismo a prevenirse mejor contra los rayos ultravioleta.
Los carotenoides (entre otros el betacaroteno, la luteína, el alfacaroteno, el licopeno, la criptoxantina) están permanentemente en el plasma sanguíneo. Son antirradicales, antioxidantes y favorecen la síntesis de la melanina (filtro natural de los rayos ultravioleta).
Conclusión: mientras más carotenoides contenga el cuerpo, menores son los riesgos relacionados con las exposiciones solares prolongadas. Así, en verano, en el desayuno, ¡no olvide consumir todos los días 2 o 3 albaricoques deshidratados!

Compruebe sus nociones de dietética
¿Cuáles son las vitaminas que se encuentran en el huevo?
a) A, B1, D, E
b) A1, B1, B2, D, E
c) A, B2, C, D

....

Respuesta: b) A1, B1, B2, D y E, así como proteínas y sales minerales (calcio, fósforo, hierro, yodo, sodio, potasio).

Sesión detallada del sábado

Palmas dirigidas hacia arriba

Dedos entrelazados

Cabeza levantada y girada

Brazos extendidos al máximo

Muslos separados

Espalda en rotación perpendicular al suelo

Consejo profesional:

Mantenga la pelvis de frente.

Pregunta

¿Se deben separar las rodillas al máximo?

Respuesta

No es obligatorio, ya que el objetivo de esta postura es un estiramiento de la cintura. Sin embargo, puede aumentar el grado de dificultad separando al máximo las piernas.

Postura 2
Rotación del tronco

Descripción

De rodillas, eleve sus brazos verticalmente. Realice a continuación una rotación máxima del tronco durante 15 segundos inhalando por la nariz y exhalando suavemente por la boca.

Relájese durante unos 10 segundos antes de invertir la posición.

Repetición

Haga 4 series alternadas.

Variante

Realice la misma técnica flexionando los brazos.
Repita 4 veces.

¿Qué es el *qi-gong* o *chi-kung*?

Es, literalmente, el "trabajo de la energía". Su objetivo es la búsqueda de la movilización de energía en el cuerpo para aumentar su vitalidad.

De cierto modo es una gimnasia postural basada en la concentración y el control de la respiración.

El ritmo de realización de las técnicas es lento y tiene la ventaja de estirar bien las articulaciones.

El *qi-gong* permite mejorar el equilibrio, aprender a controlarse y concentrarse.

Cualquiera puede practicarlo, salvo las personas que sufren artrosis en las rodillas o que no soportan estar de pie mucho tiempo.

No se requiere ningún certificado para enseñar esta disciplina, así que la calidad de las sesiones sólo se puede apreciar con el transcurso del tiempo.

Compruebe sus nociones de dietética

En la dieta disociada, es conveniente no asociar:
a) los almidones y las verduras
b) las proteínas y las verduras
c) las proteínas entre ellas

• •

Respuesta: c) las proteínas entre ellas.

Postura 3
Flexión del tronco
sobre una pierna extendida

Descripción

Hincado, extienda una pierna hacia adelante (en el eje de su articulación): estire así la espalda colocando los brazos delante de usted en el eje de la pierna extendida durante 8 segundos exhalando por la boca. Inhale por la nariz al levantarse completa y lentamente, con la espalda encorvada. Relájese por completo durante unos 10 segundos antes de invertir la posición.

Repetición

Haga 4 series alternadas.

Variante

Realice la misma técnica con la planta del pie de la pierna extendida en punta.
Repita 4 veces alternando.

Dedos juntos extendidos
Brazos extendidos y paralelos

Pie delantero flexionado
Pierna delantera extendida
Empeine del pie en contacto con el suelo

Consejo profesional:

Separe suficientemente las piernas, incluso si le parece mucho más difícil.

Pregunta

¿Se pueden descentrar ligeramente las piernas para conservar mejor el equilibrio?

Respuesta

Un poco, sí. Sin embargo, la postura básica se realiza con las piernas en dos planos paralelos.

Pruebe una sesión de *shiatsu*

El *shiatsu* es una técnica a base de presiones de puntos llamados *tsubos*. Estos puntos, que están en la intersección de los vasos sanguíneos, linfáticos y de las glándulas del sistema endocrino, se sitúan en trayectorias energéticas.
El *shiatsu* consiste en ejercer presiones más o menos intensas en los puntos considerados. El método es cercano a la acupuntura y su objetivo es un reequilibrio de los circuitos energéticos. La técnica se practica en un paciente acostado boca abajo, de lado o sentado, por un terapeuta que utiliza tanto sus dedos, sus codos, sus rodillas, como... sus pies.
Tome sus precauciones antes de confiarse a un terapeuta de esta técnica, ya que no es necesario ser médico para ejercer.

Compruebe sus nociones de dietética

El selenio es:
a) un oligoelemento
b) un antioxidante
c) un radical libre

....

Respuesta: a) y b) el selenio es un oligoelemento y un antioxidante.

Sesión detallada del sábado

Hombros estirados hacia atrás — PARED — Pies flexionados

Piernas extendidas al máximo

Consejo profesional:

Empiece por fijar una línea vertical y eleve las piernas progresivamente; no intente extenderlas desde un principio.

Pregunta

¿Es preferible elevar una pierna y luego la otra?

Respuesta

¡No! Para mantener mejor el equilibrio, se aconseja elevar ambas piernas simultáneamente.

Compruebe sus nociones de dietética

¿Cuáles son las fibras solubles en agua utilizadas en algunos productos alimenticios?
a) la lignina, la pectina, la goma
b) la goma, el salvado de avena, la celulosa, la hemicelulosa
c) la goma, la pectina, el salvado de avena, el alignato, la semilla de zaragatona

• •

Respuesta: c) Se les utiliza como textura espesante.

Postura 4
Estiramiento de los aductores

Descripción

Sentado contra una pared, con las piernas separadas y elevadas: coloque sus pies sobre dos soportes, luego extienda las piernas. Sepárelas bien, mientras las va llevando hacia atrás con las manos. Mantenga la extensión máxima durante 15 segundos inhalando por la nariz y exhalando por la boca lo más lento que pueda con las manos sobre las caderas. Relájese completamente durante unos 30 segundos antes de empezar de nuevo separando un poco más los soportes.

Repetición

Haga 3 series.

Variante

Realice la misma técnica sin apoyarse contra una pared y con los pies extendidos.
Repita 3 veces.

Gastos calóricos

Yoga: 100 cal/h	Correr: 550 cal/h
Golf: 100 cal/h	Tenis: 600 cal/h
Tenis de mesa: 200 cal/h	Bicicleta: 600 cal/h
Gimnasia trad.: 360 cal/h	Cuerda de saltar: 700 cal/h
Bicicleta: 360 a 900 cal/h	Fútbol: 700 cal/h
Jazz moderno: 400 cal/h	Patinaje sobre ruedas: 800 cal/h
Equitación: 420 cal/h	Basquetbol: 850 cal/h
Pesas: 450 cal/h	Squash: 900 cal/h
Box: 500 cal/h	

Por supuesto, estas cifras sólo son indicativas y se basan en la estimación de una sesión de esfuerzos muy constantes, no realizados por profesionales.

Programa de un mes

Cuarta semana

Programa del lunes en 15 minutos

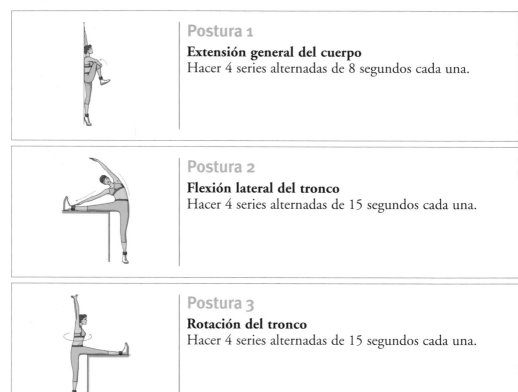

Postura 1
Extensión general del cuerpo
Hacer 4 series alternadas de 8 segundos cada una.

Postura 2
Flexión lateral del tronco
Hacer 4 series alternadas de 15 segundos cada una.

Postura 3
Rotación del tronco
Hacer 4 series alternadas de 15 segundos cada una.

Postura 4
Separación de piernas
Hacer 4 series alternadas de 20 segundos cada una.

No olvide relajarse completamente respirando lo más lento que pueda entre cada postura.

Levántese lentamente exhalando por la boca al final de la sesión.

La descripción detallada de estas técnicas se encuentra en las páginas siguientes.

Sesión detallada del lunes

Postura 1
Extensión general del cuerpo

Descripción

De pie, contra una pared, en equilibrio sobre los dedos del pie: con la mano derecha, acerque la pierna derecha flexionada hacia el pecho. Eleve el brazo izquierdo verticalmente. Estírese así durante 8 segundos exhalando por la boca. Coloque lentamente la pierna elevada en el suelo inhalando por la nariz.
Relájese durante unos 10 segundos antes de invertir la posición.

Repetición

Haga 4 series alternadas.

Variante

Realice la misma postura invirtiendo la posición de los brazos y sin apoyarse contra una pared.

Dedos juntos extendidos, palmas al frente
Brazo extendido verticalmente en contacto con la pared
Codo dirigido hacia arriba
Espalda pegada a la pared (si es posible, en su totalidad)
Pie flexionado
Pierna extendida al máximo
Dedos de los pies extendidos

Consejo profesional:

Todo el cuerpo debe estar en contacto con la pared.

Pregunta

La rodilla de la pierna flexionada, ¿debe llegar forzosamente al pecho?

Respuesta

Sí, ya que es importante estirar correctamente la parte posterior del muslo, así como una parte de la región lumbar contra la pared.

Consuma azúcares lentos el día anterior a la práctica de un esfuerzo físico

Las pastas, el arroz, el pan... garantizan una buena calidad de entrenamiento (cualquiera que éste sea: carrera, danza, natación, etc.). Los frutos secos también son bienvenidos en la dieta del deportista.
Si su sesión es muy larga e intensa (preparación para un maratón, por ejemplo), puede reactivar su energía tomando azúcares rápidos cada media hora.
Es necesario saber dosificar correctamente el aporte energético con relación al esfuerzo, para evitar las reservas grasosas inútiles. También es conveniente ser cuidadoso con la comida de recuperación después del esfuerzo, que debe ser ligera, balanceada y, sobre todo, debe consumirse lentamente.

Compruebe sus nociones de dietética

La naranja es originaria de:
a) España
b) China
c) Marruecos

· ·

Respuesta: b) La naranja es originaria de China y apareció en Europa hasta el siglo xv. Se le conoció más en Palestina. Se le conoció más ropa hasta las primeras cruzadas

Sesión detallada del lunes

Dedos cerrados extendidos

Brazos extendidos

Pie flexionado

Piernas extendidas

Pie paralelo al soporte

Consejo profesional:

La pierna de apoyo y la pierna apoyada sobre el soporte deben estar en ángulo recto.

Pregunta

¿Se puede colocar el pie de la pierna de apoyo rotado hacia afuera?

Respuesta

¡Sí! Esta variante no constituye un error, sino que no se estiran exactamente las mismas fibras musculares.

Compruebe sus nociones de dietética

Un helado de vainilla cubierto de chocolate equivale a:
a) 200 calorías
b) 250 calorías
c) 800 calorías

• •

Respuesta: b) 250 calorías.

Postura 2
Flexión lateral del tronco

Descripción

De pie, coloque toda una pierna sobre un soporte (mesa, mueble). Flexione lateralmente el tronco sobre la pierna. Mantenga la extensión máxima durante 15 segundos inhalando por la nariz y exhalando lo más suave que pueda por la boca.

Relájese completamente durante unos 10 segundos antes de invertir la posición.

Repetición

Haga 4 series alternadas.

Variante

Realice la misma postura separando al máximo la pierna de apoyo del soporte. Repita 4 veces.

¿Es difícil evitar inflamarse después de una comida? Quizá no...

Sin duda ha constatado que su vientre se hincha después de haber comido. No se preocupe, la mayoría de nosotros conocemos este inconveniente. Ese malestar se debe en parte a las flatulencias abdominales (los gases intestinales provienen de la comida ingerida y del aire tragado). Conviene evitar algunas verduras como la col, la alcachofa, el aguacate, el salsifí o las ciruelas pasas. Tampoco abuse de los cereales, del pan integral o fresco... En resumen, opte por una dieta con menos azúcar, sin exceso de yogures o queso cottage y sin bebidas gaseosas.

También evite:
– beber demasiado al comer;
– fumar durante las comidas;
– comer demasiado rápido;
– absorber demasiados alimentos en cada comida.

Postura 3
Rotación del tronco

Hombros levantados y estirados hacia atrás
Dedos entrelazados
Palmas giradas hacia afuera
Pie flexionado
Espalda en rotación
Pie paralelo al soporte
Piernas estiradas y en ángulo recto

Descripción

De pie, con los brazos elevados y toda una pierna colocada sobre un soporte, realice una rotación lateral del cuerpo. Mantenga la extensión máxima durante 15 segundos
inhalando por la nariz y exhalando por la boca lo más suave que pueda.
Relájese durante unos 10 segundos antes de invertir la posición.

Repetición

Haga 4 series alternadas.

Variante

Realice la misma postura con los brazos extendidos hacia los
lados en cruz (los hombros llevados lo más atrás posible).
Repita 4 veces.

Consejo profesional:

Durante la realización
de la postura, tenga
presente estirar al
máximo el cuerpo
hacia arriba.

Pregunta

¿Se puede colocar la pierna
en un soporte bastante alto
para estirar aún más las piernas al mismo tiempo que la
cintura?

Respuesta

Si ya tiene experiencia, es lo
mejor que puede hacer.

¿Qué es un aditivo?

Es una sustancia química agregada a un alimento. En Francia, por ejemplo, existen 300 aditivos, y en Estados Unidos,
más de 3000. Se trata de agentes colorantes, agentes conservadores, antioxigenantes, agentes para hacer un alimento más fluido o más firme, agentes organolépticos (capaces
de impresionar a un receptor sensorial), aromatizantes y
agentes que pretenden acentuar el sabor del alimento.
Se les distingue gracias a la letra E seguida de un número de
tres cifras en las etiquetas.
Algunos aditivos no se indican en las etiquetas.
Normalmente, las instancias públicas se encargan de vigilar
este tipo de productos.
Las leyes sobre la alimentación existen desde 1905.

Compruebe sus nociones de dietética

Las grasas poliinsaturadas se
componen de átomos de carbono
unidos por:
a) un doble enlace
b) dos o varios dobles enlaces
c) tres dobles enlaces

· ·

Respuesta: b) dos o varios dobles enlaces.

Sesión detallada del lunes

Palmas giradas hacia arriba
Dedos entrelazados
Pierna flexionada
Espalda derecha
Pierna extendida al máximo
Pantorrilla perpendicular al soporte

Consejo profesional:

En la posición inicial, la pierna de apoyo está contra el soporte y se aleja poco a poco de éste. El talón de la pierna flexionada toca el interior de la otra pierna.

Pregunta

El tronco y los brazos, ¿deben quedar perpendiculares al suelo durante la ejecución de la postura?

Respuesta

¡Sí! Es esencial que así sea.

Compruebe sus nociones de dietética

¿Cuál es el cereal más consumido en el mundo?

a) el maíz
b) el trigo
c) el arroz

• •

Respuesta: c) el arroz. Provee la mitad de las calorías alimenticias consumidas por la población del planeta.

Postura 4
Separación de piernas

Descripción

De pie, con los brazos elevados y un pie sobre un soporte. Separe la pierna de apoyo del soporte. Mantenga la separación máxima durante 20 segundos inhalando por la nariz y exhalando por la boca lo más suave que pueda.
Relájese completamente durante unos 10 segundos antes de invertir la posición.

Repetición

Haga 4 series alternadas.

Variante

Realice la misma postura colocando el pie de la pierna de apoyo rotado hacia afuera.

El advenimiento del deporte femenino

Sorprendente: en 1955, Ernest Loisel escribía que era necesario excluir de la educación física, entre otros, los ejercicios de ataque y de defensa personal: ¡las feministas todavía no eran reconocidas en esa época! Sin embargo, una precursora, Madeleine Pelletier (nacida en 1874) intentó cambiar las ideas sobre el deporte femenino y logró reducir la desigualdad entre los sexos en ese campo. La mayoría de las obras relativas a la evolución del deporte femenino reconocen la influencia positiva que tuvo Elisabeth de Austria (Sissi) en ese ámbito. Esta mujer excepcional hacía ejercicios físicos y practicaba el caballo con arzón y las barras paralelas, lo que era completamente revolucionario para la época.

Una anécdota graciosa: en 1928, el doctor Marcel Gommes escribe "La gimnasia hogareña" para promover el ejercicio físico a través de las actividades de limpieza del hogar. Sin comentarios...

En resumen, el verdadero reconocimiento del deporte femenino público es reciente; sólo tiene unos 30 años. Los programas televisivos a menudo destacaron esta actividad, lo cual prueba que la televisión ¡de vez en cuando puede tener una influencia positiva!

¿Cómo elegir el agua mineral adecuada?

El agua mineral se obtiene de manantiales naturales o artificiales. Su origen subterráneo la protege de contaminaciones químicas o bacterianas y garantiza la pureza de sus elementos. Además, contiene minerales, oligoelementos y otros componentes que pueden ser benéficos para la salud, salvo en el caso de algún padecimiento específico en el que estén contraindicadas las sales minerales.

Aguas minerales disponibles en el comercio

En general, existen dos presentaciones asequibles en el comercio: el agua mineral con gas y sin gas.
Independientemente de lo anterior, el contenido de minerales varía según la marca, por lo que es importante revisar las etiquetas de los envases.

Tipo de agua	Características
Agua baja en sodio	Contiene poco sodio (menos de 20 mg/l) y es benéfica para las personas que deben mantener una alimentación baja en sal porque padecen de hipertensión arterial, problemas cardiacos o renales, etc. Prefiera siempre este tipo de agua, pues no favorece la retención de líquidos.
Agua poco mineralizada	Contiene un nivel muy bajo de calcio (menos de 150 mg/l) y de magnesio (por debajo de los 50 mg). Cuando el agua supera esas cantidades puede ocasionar una sobrecarga renal. Las aguas poco mineralizadas se recomiendan particularmente para la elaboración de alimentos infantiles y de personas mayores.
Agua bicarbonatada	Su aporte en bicarbonato es superior a los 1 500 mg/l, por lo que son adecuadas para estimular la digestión.

Programa del martes en 15 minutos

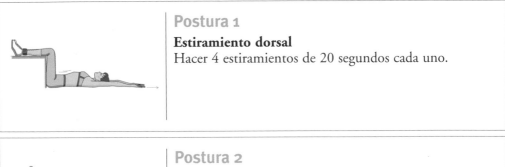

Postura 1

Estiramiento dorsal
Hacer 4 estiramientos de 20 segundos cada uno.

Postura 2

Estiramiento de la cintura
Hacer 4 estiramientos alternados de 15 segundos cada uno.

Postura 3

Flexión de las muñecas
Hacer 3 estiramientos de 15 segundos cada uno.

Postura 4

Separación de las piernas flexionadas
Hacer 4 estiramientos de 12 segundos cada uno.

No olvide relajarse completamente respirando lo más lento que pueda entre cada postura.

Levántese lentamente exhalando por la boca al final de la sesión.

La descripción detallada de estas técnicas se encuentra en las páginas siguientes.

Postura 1
Estiramiento dorsal

Descripción

Boca arriba, con las piernas apoyadas en un asiento (taburete, silla, etc.): estire al máximo los brazos hacia atrás durante 20 segundos inhalando por la nariz y exhalando por la boca lo más lento que pueda.
Relájese durante unos 10 segundos antes de empezar de nuevo.

Repetición

Haga 4 series.

Variante

Practique la misma técnica con las piernas y los brazos separados.

Pantorrillas en reposo sobre el soporte

Parte posterior de los muslos perpendicular al suelo

Brazos paralelos por encima de la cabeza
Dedos juntos extendidos
Palmas dirigidas hacia el techo

Consejo profesional:

Vigile que las corvas (huecos poplíteos) estén completamente en contacto con el borde del asiento.

Pregunta

¿Debe despegarse el dorso de las manos del suelo?

Respuesta

¡De preferencia no! Toda la superficie de los miembros superiores debe estar en oontacto con el suelo, y por consiguiente, el dorso de las manos también.

Compruebe sus nociones de dietética

El espárrago es una planta que se consume desde hace:
a) 500 años
b) 1 000 años
c) 2 000 años

• •

Respuesta: c) 2 000 años. Efectivamente, los egipcios lo cultivaron. Luis XIV lo hizo popular en Francia.

Conservar la buena forma intelectual es:

– Ver un programa televisivo y tratar de analizarlo rememorando las diferentes etapas.
– Leer lo más posible y reflexionar después sobre esas lecturas.
– Discutir lo más posible en grupo.
– Inscribirse a actividades colectivas para multiplicar los intercambios.
– Hacer crucigramas para matar el tiempo.
– Salir al máximo para ver espectáculos, películas u obras de teatro, etcétera.
– Inscribirse, en función de sus gustos, a una actividad deportiva que involucre la reflexión o la coordinación de movimientos (que se pierde muy rápido con la edad).
– Dormir bien para tener las ideas más claras.
– Viajar en grupo lo más a menudo posible.
– Estudiar regularmente un idioma extranjero para desarrollar otra forma de gimnasia intelectual.

Sesión detallada del martes

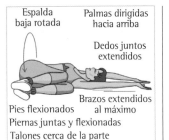

Espalda baja rotada

Palmas dirigidas hacia arriba

Dedos juntos extendidos

Brazos extendidos al máximo

Pies flexionados
Piernas juntas y flexionadas
Talones cerca de la parte posterior de los muslos

Consejo profesional:

Los hombros nunca deben despegarse del suelo.

Pregunta

¿Deben tocar el suelo las rodillas?

Respuesta

¡Si es posible, sí!, pero sin despegar las rodillas una de la otra.

Postura 2
Estiramiento de la cintura

Descripción

Boca arriba, con los brazos arriba de la cabeza y las rodillas flexionadas hacia el pecho: lleve las piernas hacia un lado. Mantenga la postura de rotación máxima durante 15 segundos inhalando por la nariz y exhalando por la boca lo más lento que pueda.

Relájese durante unos 10 segundos antes de invertir la posición.

Repetición

Haga 4 series alternadas.

Variante

Realice la misma postura extendiendo las piernas.

Compruebe sus nociones de dietética

¿Cuál es la vitamina indispensable para conservar las membranas celulares?

a) D
b) A
c) E

• •

Respuesta: c) E. Se la encuentra en las nueces, los huevos, las verduras con hojas y el germen de trigo.

¡Viva el vino!, pero consúmalo con moderación

Aparte de alcohol y agua, el vino contiene:

– oligoelementos: zinc, hierro, manganeso, magnesio y calcio (1000 miligramos por litro);
– ácidos orgánicos;
– minerales ricos en potasio.

La composición del vino no es simple, ya que comporta aproximadamente 200 cuerpos, de los cuales 22 son oligoelementos, 12 vitaminas, 6 azúcares, 17 antocianos, además del agua y el alcohol.

Postura 3
Flexión de las muñecas

Descripción

De pie o sentado, junte sus manos, con los dedos dirigidos hacia abajo: suba así las muñecas lo más alto posible sin despegar las palmas. Mantenga el estiramiento máximo durante 15 segundos inhalando por la nariz y exhalando por la boca lo más lento que pueda.
Relájese completamente durante unos 10 segundos antes de empezar de nuevo.

Repetición

Haga 3 series.

Variante

Practique la misma técnica con los dedos separados al máximo (sin despegar las palmas).

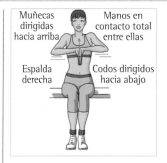

Muñecas dirigidas hacia arriba
Manos en contacto total entre ellas
Espalda derecha
Codos dirigidos hacia abajo

Consejo profesional:

La parte externa del dedo meñique debe estar todo el tiempo en contacto con el esternón.

Pregunta

¿Es preferible mantener las palmas pegadas todo el tiempo aunque las manos estén menos perpendiculares al suelo que despegar las palmas y perder el ángulo recto de las manos?

Respuesta

Es preferible no despegar las palmas una de la otra.

Compruebe sus nociones de dietética
El mango es originario de:
a) Asia
b) India
c) Sudáfrica

. . . .

Respuesta: a) De Asia. Se le conoce desde hace 6 000 años. Contiene, entre otros, vitamina C, vitamina A y potasio.

Remedios y lumbago

Buenas noticias: de 90 a 95% de los lumbagos agudos desaparecen al cabo de algunas semanas. Por el contrario, del 5 al 10% restante continúa su evolución durante más de dos meses.
En general, para tratarlos, los terapeutas recomiendan antiinflamatorios no esteroides con antálgicos. Algunos añaden miorrelajantes.
En cuanto a la utilización de infiltraciones epidurales con derivados de cortisona, es más bien poco frecuente y se aconseja como último recurso.
También pueden indicarse intervenciones quirúrgicas si la terapia medicamentosa no dio ningún resultado (esto sólo concierne a las ciáticas lumbares relacionadas con hernias discales ligeras).
La quimionucleólisis (se introduce una enzima en el núcleo discal y lo destruye) puede ser la solución para algunos casos de hernia.

Sesión detallada del martes

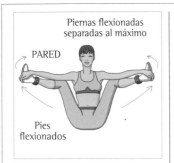

Piernas flexionadas
separadas al máximo

PARED

Pies
flexionados

Consejo profesional:

No pegue sólo una
parte de la espalda
contra la pared: debe
estar completamente
pegada al apoyo.

Pregunta

¿Es más fácil realizar esta postura si también se llevan las piernas hacia atrás?

Respuesta

¡Teóricamente, sí! Eso la hace más eficaz. Es importante separar bien y llevar hacia atrás las piernas de manera simétrica.

Compruebe sus nociones de dietética

La sacarina tiene un poder endulzante superior al de la sacarosa, ¿de qué magnitud?
a) 60 veces
b) 200 veces
c) 400 veces

• •

rantes.
cohólicas y en muchos edulco-
encuentra en las bebidas no al-
Respuesta: c) 400 veces. Se la

Postura 4
Separación de piernas flexionadas

Descripción

Sentado contra una pared, separe las piernas flexionadas en elevación, tomando sus pies con las manos. Mantenga la postura en separación máxima durante 12 segundos inhalando por la nariz y exhalando por la boca lo más suave que pueda.
Relájese durante unos 15 segundos antes de empezar de nuevo.

Repetición

Haga 4 series.

Variante

Realice la misma postura con los pies en punta.

Información sobre el colesterol

Contenido en colesterol de algunos alimentos:

Ostras: 2g/kg	Papas: 0.02 g/kg
Mejillones: 0.23 g/kg	Endibias: 0.04 g/kg
Pescadilla: 0.20 g/kg	Betabel: 0.005 g/kg
Hígado: 1.40 g/kg	Puerro o poro: 0.009 g/kg
Carnes magras: 0.35 g/kg	Zanahorias: 0.012 g/kg
Sesos de ternera: 19 g/kg	Espinacas: 0.04 g/kg

Vigile su alimentación si su tasa de colesterol es demasiado alta. El colesterol en exceso puede volverse un factor de riesgo de ateroesclerosis. La ateroesclerosis, afección degenerativa de las arterias que relaciona las lesiones de la arteriosclerosis (enfermedades de las arterias que las endurecen) con la ateroma (degeneración grasosa de la capa interna de las arterias) se origina en el aumento de la tasa de lípidos en la sangre. Puede manifestarse a cualquier edad y traducirse en trastornos cardiovasculares.

¡Sí a la caminata!
¡Pero no de cualquier manera!

Por supuesto, caminar es indispensable para el mantenimiento del cuerpo. Sin embargo, es importante conocer perfectamente sus características físicas antes de inscribirse en excursiones. Por ejemplo, algunas personas pueden tener una pierna más larga que la otra y, así, un desequilibrio de la pelvis. Por lo tanto, es esencial consultar a un especialista si tiene la menor duda. Asimismo, algunas personas retoman demasiado pronto la caminata, siendo que aún no están completamente curadas de un esguince.

Si usted es adepto a la caminata:
- evite cualquier carga (incluso la de una mochila);
- lleve zapatos confortables que sostengan bien el tobillo;
- respire con lentitud inflando completamente la caja torácica, sobre todo al principio de la caminata;
- comience su caminata con lentitud balanceando correctamente los brazos;
- no olvide hidratarse antes de empezar;
- dé masaje a los pies con aceite o ungüento antes de colocarse dos pares de calcetines o medias (una delgada y otra gruesa, para evitar cualquier riesgo de ampollas).

Si sufre de lumbago, evite las caminatas de distancias largas.

¡Quememos calorías!

No todos quemamos el mismo número de calorías por la misma distancia recorrida. Por ejemplo, para una distancia de 1.5 km:
- Si pesa 55 kg, quema 85 calorías.
- 60 kg: 90 calorías.
- 65 kg: 95 calorías.
- 70 kg: 100 calorías.
- 75 kg: 105 calorías.
- 80 kg: 110 calorías.
- 85 kg: 115 calorías.
- 90 kg: 120 calorías.
- 95 kg: 125 calorías.

Programa del miércoles en 15 minutos

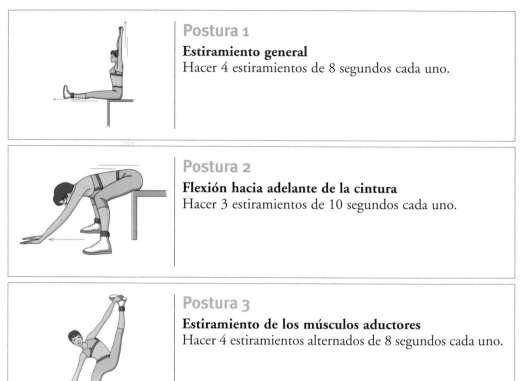

Postura 1

Estiramiento general
Hacer 4 estiramientos de 8 segundos cada uno.

Postura 2

Flexión hacia adelante de la cintura
Hacer 3 estiramientos de 10 segundos cada uno.

Postura 3

Estiramiento de los músculos aductores
Hacer 4 estiramientos alternados de 8 segundos cada uno.

Postura 4

Separación de piernas
Hacer 4 estiramientos alternados de 20 segundos cada uno.

No olvide relajarse completamente respirando lo más lento que pueda entre cada postura.

Levántese lentamente exhalando por la boca al final de la sesión.

La descripción detallada de estas técnicas se encuentra en las páginas siguientes.

Sesión detallada del miércoles

Postura 1
Estiramiento general

Puños juntos

Brazos paralelos extendidos al máximo

Hombros estirados hacia atrás

Piernas juntas

Espalda derecha

Pies flexionados

Descripción

Sentado (en una silla o taburete) con los brazos elevados y las piernas extendidas hacia adelante: estire brazos y piernas al máximo durante 8 segundos exhalando por la boca. Inhale lentamente por la nariz llevando los miembros a su posición normal.

Relájese completamente durante unos 10 segundos antes de empezar de nuevo.

Repetición

Haga 4 series.

Variante

Realice la misma técnica separando los brazos y las piernas.

¿Hay que hacer pesas para tener un cuerpo firme y delgado?

¡Se acabó la imagen negativa de las pesas con los músculos deformados e antiestéticos! Sepa que una práctica bien llevada de esta disciplina puede transformar el cuerpo y dar excelentes resultados.

Instrucciones: calentar el cuerpo durante unos 20 minutos en un aparato ergómetro (bicicleta, caminadora, etc.); luego deje que un instructor certificado lo vigile permanentemente y le establezca una rutina personalizada. Ésta deberá responder a sus expectativas e involucrar esencialmente las regiones corporales que desea remodelar. Debe concluir con ejercicios de estiramientos. El entrenamiento ideal: dos sesiones de pesas de una hora por semana intercalados entre dos sesiones de stretching de una hora.

La práctica regular de las pesas, combinada con una alimentación balanceada, modifica rápidamente el cuerpo, lo hace firme y delgado, incluso si el peso no cambia (de hecho, el músculo pesa más que la grasa).

Si nunca ha hecho pesas, su rutina debe enfocarse sobre todo en la tonificación de la espalda.

Consejo profesional:

No dude en ponerse contra una pared si eso lo ayuda.

Pregunta

¿Se debe uno sentar en el borde del asiento o, por el contrario, hasta el fondo?

Respuesta

No tiene importancia. Lo esencial es que su espalda esté derecha y sus piernas en extensión máxima, paralelas al suelo.

Compruebe sus nociones de dietética

¿Cuáles son los flavonoides?
a) los que refuerzan los sabores
b) compuestos que colorean las verduras, las frutas o las flores
c) agentes de textura

· ·

Respuesta: b) compuestos que colorean las verduras, las frutas o las flores.

Sesión detallada del miércoles

Espalda recta
Piernas muy separadas
Pies paralelos
Brazos paralelos extendidos al máximo

Consejo profesional:

No despegue los glúteos del asiento.

Pregunta

¿Cómo mantener la espalda completamente recta?

Respuesta

Hay que rectificar la posición dorsal poco a poco empezando por la región lumbar, luego irguiendo el resto de la columna. Si presenta algunas dificultades, en lugar de mantener la nuca en prolongación de la columna vertebral, levante la cabeza, ¡eso ayudará!

Compruebe sus nociones de dietética

Una carencia de vitamina A puede causar, entre otros:
a) problemas de piel
b) un estado propicio a la depresión
c) problemas de vista

• •

Respuesta: c) problemas de vista, así como una fragilidad capilar y una vulnerabilidad respecto a las infecciones.

Postura 2
Flexión hacia adelante de la cintura

Descripción

Sentado (en el borde de un taburete, silla, etc.), con el tronco inclinado hacia adelante, las piernas abiertas y las manos sobre el suelo (coloque sus manos lo más lejos que pueda hacia adelante sobre el suelo). Mantenga la extensión máxima durante unos 10 segundos exhalando por la boca lo más lento que pueda. Inhale profunda y suavemente por la nariz al erguirse con lentitud.

Relájese completamente durante unos 15 segundos antes de empezar de nuevo.

Repetición

Haga 3 series.

Variante

Realice la misma postura extendiendo las piernas.

¡Consuma papas!

Los españoles descubrieron la papa en Sudamérica y ésta se convirtió en una verdura común en Europa hasta el siglo XVII. Contrariamente a lo que se suele creer, no fue Auguste Parmentier (1737-1813) quien la dio a conocer, sino el ingeniero Fraisier, quien le dio su nombre en 1716. Existe una gran diversidad de papas. Incluso existen negras, violetas o azules. La papa es rica en almidón, potasio, magnesio, fibras, vitaminas C y B. Es un alimento básico ya que es remineralizante y sobre todo energético, lo que la coloca en un buen lugar dentro de la alimentación de los deportistas. Se supone que facilita la eliminación urinaria y actúa benéficamente en las quemaduras superficiales. Empero, no se aconseja a las personas que sufren de artritis.

Valor nutritivo para 100 g de papas: fibras, 1.5 g; proteínas, 2.1 g; lípidos, 0.1 g; carbohidratos, 1.8 g.

Postura 3
Estiramiento de los músculos aductores

Descripción

De rodillas, coloque la mano derecha en el suelo, lateralmente. Eleve la pierna izquierda del otro lado tomando el pie izquierdo con la mano izquierda. Mantenga la elevación máxima durante 8 segundos exhalando por la boca. Controle cuidadosamente el descenso de la pierna inhalando suavemente por la nariz.
Relájese completamente durante unos 10 segundos.

Repetición

Haga 4 series alternadas.

Variante

Realice la misma técnica colocando la pierna estirada hacia el frente y no hacia el lado.

Hombros estirados hacia atrás
Tronco inclinado
Brazos extendidos
Pie flexionado
Pierna extendida al máximo
Pierna en el eje del muslo
Palma apoyada sobre el suelo

Consejo profesional:

Para estabilizar completamente la postura, coloque la mano de apoyo en el mismo eje que la rodilla y la pierna en elevación.

Pregunta

¿Se puede uno apoyar en el suelo con los dedos del pie para reforzar el equilibrio de la postura?

Respuesta

¡Sí! Pero mantenga la pantorrilla en el eje de la pierna.

Conocer mejor nuestras articulaciones

Existen tres clases de articulaciones: fijas, semimóviles y móviles.
– Las articulaciones fijas (llamadas también sinartroidales) son las que reúnen, por ejemplo, los huesos del cráneo (no están sujetas a la artrosis, desde luego).
– Las articulaciones semimóviles (llamadas también anfiartroidales) desempeñan el papel de acercar los huesos con una amplitud limitada (tampoco se ven afectadas por la artrosis).
– Las articulaciones móviles (llamadas también diartroidales) son más diversificadas y sí pueden padecer de artrosis.

Compruebe sus nociones de dietética
100 ml de jugo de piña (ananá) natural equivalen a:
a) 42 calorías
b) 70 calorías
c) 130 calorías

• •
Respuesta: a) 42 calorías.

Sesión detallada del miércoles

Pierna flexionada
Pierna extendida
Espalda recta
Pies paralelos
Antebrazos en el suelo, paralelos
Palmas de las manos en el suelo

Consejo profesional:

Tome el tiempo de colocarse bien para tener las piernas separadas al máximo.

Pregunta

¿Se debe continuar separando las piernas adelantando al mismo tiempo los antebrazos?

Respuesta

¡Sí! De la misma forma, puede apoyarse con una mano en un soporte. Elija bien la altura de su soporte para que no esté demasiado alto durante la fase de estiramiento.

Compruebe sus nociones de dietética

El azúcar blanca o refinada debe contener como mínimo un cierto porcentaje de sacarosa pura. ¿Cuál es ese porcentaje?
a) 92.4%
b) 96.2%
c) 99.7%

• •

sacarosa pura.
contener por lo menos 99.7% de
Respuesta: c) el azúcar debe

Postura 4
Separación de piernas

Descripción

De pie, con las piernas separadas, flexione una pierna. Coloque los antebrazos en el suelo (o las manos si no tiene suficiente flexibilidad). Mantenga el avance máximo de los antebrazos (o de las manos) durante 20 segundos en el suelo inhalando por la nariz y exhalando por la boca lo más lento que pueda.
Relájese completamente al erguirse durante unos 15 segundos.

Repetición

Haga 4 series alternadas.

Variante

Realice la misma postura con los pies rotados hacia afuera.

Comprender mejor la homeopatía

Existe desde hace 200 años y su evolución dio nacimiento a diversas escuelas.
La primera es partidaria de un tratamiento homeopático que sólo admite un único remedio. Se les da el nombre de "unicistas" a los homeópatas que la practican.
La segunda tendencia trata al paciente con varios medicamentos (5 máximo). Los adeptos de este razonamiento se llaman "pluralistas".
El último grupo considera que el organismo tiene la facultad de reconocer los medicamentos que necesita para combatir la infección. Los que la practican recetan una o varias mezclas medicamentosas. Estos homeópatas llevan el nombre de "complejistas".
No se preocupe: el resultado para el paciente no depende del método, sino de los conocimientos de quien receta.

Comprender y soportar mejor el dolor

Casi todos hemos tenido una distensión o un desgarre muscular al practicar un deporte.

¿Qué sucede en el caso de una lesión?
Cuando un nervio se estimula, la información va de la médula espinal al cerebro. Si este último recibe un mensaje de dolor, reenvía a su vez sus propias señales. Este sistema, llamado *gate control* emite mensajes que tienen la función de bloquear o trasmitir informaciones emitidas de un nervio a otro.
El sufrimiento sólo se percibe cuando las señales emitidas llegan al cerebro. Si el *gate control* es eficaz, la sensación dolorosa será menos intensa.
Otros factores (como el estrés) pueden desactivar parte de este proceso e intensificar una sensación que en un principio era mínima. Pero se ha constatado que un deportista después de un entrenamiento, si está muy relajado, puede tener una sensación aminorada de un traumatismo. Así, los factores extrínsecos influyen en ambos sentidos.

Por lo tanto, es importante buscar contraestimulantes del dolor, tales como:
- concentrarse en otro punto de interés que no sea el traumatismo;
- las estimulaciones físicas como los masajes, la acupuntura, el calor o el frío;
- la actividad física (si la zona adolorida lo permite, por supuesto); por ejemplo, si duele el cuello, hacer bicicleta fija;
- en última instancia, algunas medicinas...

Conclusión: ¡el ánimo y el contexto ambiental desempeñan un papel importante en la percepción del dolor!

El stretching y las articulaciones

Cualquier movimiento parte del centro de la articulación. La precisión y el ángulo de apertura de un movimiento dependen de la aptitud a la flexibilidad de dicha articulación. El stretching tiene por lo tanto una acción extremadamente benéfica ya que estira los ligamentos.
El hecho de poseer articulaciones desligadas permite realizar movimientos más amplios, lo que constituye una prevención certera contra algunos traumatismos (caídas de esquí, por ejemplo).
El stretching aumenta el espacio en la cápsula articular, disminuyendo así los riesgos de frotamientos.

Programa del jueves en 15 minutos

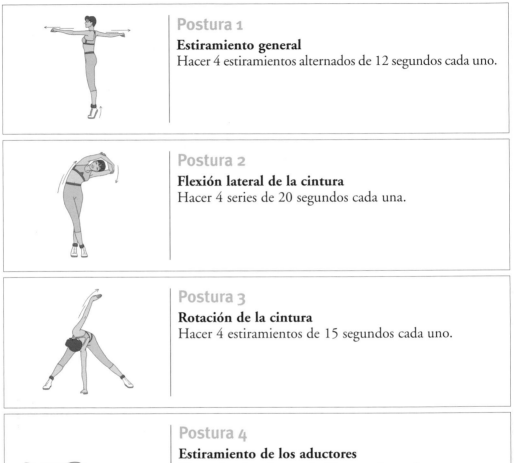

Postura 1
Estiramiento general
Hacer 4 estiramientos alternados de 12 segundos cada uno.

Postura 2
Flexión lateral de la cintura
Hacer 4 series de 20 segundos cada una.

Postura 3
Rotación de la cintura
Hacer 4 estiramientos de 15 segundos cada uno.

Postura 4
Estiramiento de los aductores
Hacer 4 estiramientos de 20 segundos cada uno.

No olvide relajarse completamente respirando lo más lento que pueda entre cada postura.

Levántese lentamente exhalando por la boca al final de la sesión.

La descripción detallada de estas técnicas se encuentra en las páginas siguientes.

Postura 1
Estiramiento general

Descripción

De pie, en equilibrio sobre los dedos de los pies, estire hacia adelante el brazo izquierdo en el eje de su articulación y el brazo derecho lo más atrás que pueda. Mantenga la extensión máxima durante 12 segundos inhalando por la nariz y exhalando por la boca lo más suave que pueda. Relájese completamente durante unos 10 segundos antes de invertir la posición.

Repetición

Haga 4 series alternadas.

Variante

Realice la misma técnica separando lateralmente las piernas al máximo, con los pies paralelos.

Puños cerrados
Espalda derecha
Piernas extendidas y ligeramente separadas
Pies extendidos y paralelos

Consejo profesional:

Así como en las otras posturas de equilibrio, no dude en fijarse una línea vertical.

Pregunta

¿Se puede torcer un poco el cuerpo en esta postura?

Respuesta

¡No! Esta postura pretende un estiramiento de los hombros y no una flexión rotativa del cuerpo.

Efecto placebo y homeopatía

El efecto placebo es la consecuencia terapéutica de un producto sin ninguna característica farmacológica.
Al parecer, el efecto placebo homeopático se debe, entre otras cosas, a reacciones psicoafectivas; pero esto no significa que la homeopatía no sirva: pese a la débil dilución de los medicamentos recetados, su eficacia no puede cuestionarse.
Sin embargo, es importante que cuando le receten medicinas homeopáticas le expliquen la razón de la elección de éstas. Cabe mencionar que en Francia, 30% de las personas se curan regular u ocasionalmente gracias a la homeopatía, y casi 10000 médicos la utilizan.

Compruebe sus nociones de dietética

¿Cuál es el alimento que contiene más agua?
a) la zanahoria
b) el tomate
c) la lechuga

• •

Respuesta: c) La lechuga, con 95% de agua. El tomate y la zanahoria sólo contienen 91%.

Sesión detallada del jueves

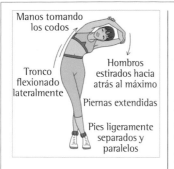

Manos tomando los codos

Tronco flexionado lateralmente

Hombros estirados hacia atrás al máximo

Piernas extendidas

Pies ligeramente separados y paralelos

Consejo profesional:

Evite flexionar la cabeza hacia adelante; la cabeza y la espalda deben mantenerse sin ninguna flexión.

Pregunta

¿Se pueden tomar los antebrazos en lugar de los codos?

Respuesta

Si la amplitud articular de sus brazos no le permite realizar la postura básica, puede sostener los antebrazos sin reducir demasiado la eficacia de la técnica.

Compruebe sus nociones de dietética

¿Qué es el método Appert?
a) deshidratación de los alimentos
b) ionización de los alimentos
c) asociación de diversas posibilidades de conservación

• •

Respuesta: c) Es un procedimiento de conservación a largo plazo de los alimentos que resulta de un tratamiento térmico y de un embalaje hermético específico.

Postura 2
Flexión lateral de la cintura

Descripción

De pie, con los brazos flexionados y elevados, y las piernas cruzadas, flexione lateralmente el tronco. Mantenga la extensión máxima durante 20 segundos inhalando por la nariz y exhalando por la boca lo más suave que pueda. Relájese durante unos 10 segundos antes de invertir la posición.

Repetición

Haga 4 series alternadas.

Variante

Practique la misma técnica entrelazando los dedos detrás de la nuca (sin tocarla), con los codos elevados hacia atrás al máximo.

No abuse de las vitaminas

En general, los casos de hipervitaminosis son raros, salvo en Estados Unidos donde una encuesta reciente mostró que 10% de los hombres consumen en exceso las vitaminas B, C, D y E; en cuanto a las mujeres, consumen demasiado hierro. Asimismo, una investigación reveló que las personas mayores que consumen regularmente una cantidad normal de vitamina C tienen una esperanza de vida superior a quienes carecen de ella.

También una dosis adecuada de vitaminas A y B6 es importante para el buen funcionamiento del sistema inmunitario.

Por el contrario, el exceso de:

– vitamina A puede ser nefasto para el hígado y los glóbulos blancos;

– vitamina C puede generar trastornos gastrointestinales y renales;

– vitamina D crea una concentración importante de calcio en la sangre;

– vitamina B6 puede originar polineuritis (daño simultáneo de varios nervios por intoxicación o infección) de los miembros.

Conclusión: elija una alimentación balanceada sin agregar, por tiempos prolongados, complementos vitamínicos.

Sesión detallada del jueves

Postura 3
Rotación de la cintura

Descripción

De pie, con las piernas separadas al máximo, flexione el tronco hacia adelante. Coloque el brazo izquierdo en medio de las piernas y eleve el brazo derecho lo más atrás que pueda. Mantenga la extensión máxima del brazo derecho hacia atrás durante 15 segundos inhalando por la nariz y exhalando por la boca lo más lento que pueda.
Relájese completamente durante unos 15 segundos antes de invertir la posición.

Repetición

Haga 4 series alternadas.

Variante

Realice la misma técnica con los pies rotados hacia afuera (lo que puede conllevar una separación de piernas mayor).

Hombros estirados al máximo hacia atrás

Brazos extendidos al máximo

Cabeza girada hacia afuera

Piernas extendidas

Pies paralelos

Consejo profesional:

Procure estirar su nuca durante todo el tiempo que dure la sesión para conservar la espalda completamente recta.

Pregunta

¿Es obligatorio tocar el suelo con los dedos?

Respuesta

¡No! En caso de demasiada rigidez articular, aleje los pies más hacia atrás, pero manteniéndolos perfectamente paralelos.

¿Qué es la testosterona?

Es una hormona, producida por los testículos, que interviene en el desarrollo de los órganos genitales y los caracteres sexuales secundarios. Se produce en cantidades muy pequeñas (un hombre de edad media produce de 6 a 7 mg por día). La testosterona actúa indirectamente en la sensibilidad y en la erección por medio de la libido. La carencia de testosterona reduce la libido y provoca una disminución de la espermatogénesis, la masa muscular y la agresividad. El exceso de testosterona puede acarrear trastornos del comportamiento, así como un desarrollo excesivo de los músculos. La testosterona también actúa en el cerebro, el sistema piloso, las células sanguíneas, la grasa y los huesos.

Compruebe sus nociones de dietética

¿Cuántas categorías de azúcar existen?
a) 6
b) 8
c) 10

· ·

Respuesta: c) 10: en polvo, blanca cristalizada, semirrefinada, mascabado, glass, gelificante, candi, en trozos, en terrones y líquida.

Sesión detallada del jueves

Palma en el suelo
Antebrazo doblado bajo el mentón
Cabeza hacia el suelo
Pie extendido
Brazo extendido
Pie flexionado
Pierna extendida al máximo

Consejo profesional:

Procure no mover la pierna alineada con el cuerpo cuando lleve la otra hacia la cara.

Pregunta

¿Se puede flexionar un poco la pierna alineada con el cuerpo?

Respuesta

Colóquese de espalda contra una pared empujando con suavidad. Eso lo ayudará a estirarse eficazmente.

Compruebe sus nociones de dietética
La mandarina es rica en:
a) vitaminas C, A y potasio
b) vitaminas C, A y magnesio
c) vitamina C, calcio y magnesio

• •

Respuesta: a) Es rica en vitaminas C y A, y potasio. Sin embargo, es menos rica en sales minerales que la naranja.

Postura 4
Estiramiento de los aductores

Descripción

Boca abajo, con las piernas extendidas y alineadas con el cuerpo: lleve la pierna izquierda con la mano izquierda hacia la cara. Mantenga la extensión máxima durante 20 segundos inhalando por la nariz y exhalando por la boca lo más lento que pueda.
Relájese durante unos 15 segundos antes de invertir la posición.

Repetición

Haga 4 series alternadas.

Variante

Realice la misma técnica con el pie de la pierna estirada en punta.

El sueño y los ronquidos

Las encuestas precisan que, hacia los 35 años, 20% de los hombres y 5% de las mujeres roncan. Hacia los 65 años, las cosas más bien empeoran, ya que el problema atañe al 60% de los hombres y al 40% de las mujeres.
Explicación: el ronquido se produce por la vibración de las mucosas de las vías aéreas de la respiración. Diversos elementos pueden vibrar y producir esta onda sonora desagradable (como el velo del paladar, la campanilla, la lengua o las mucosas de la faringe). Otros factores también pueden favorecer el ronquido, como el alcohol, algunos medicamentos, la obesidad, el hipotiroidismo (ausencia o insuficiencia de secreción tiroidea), algunas alergias y las rinitis. Las anomalías físicas (como un cuello pequeño, una lengua demasiado voluminosa, una campanilla hipertrofiada, una asimetría de los tabiques nasales) también pueden originar ronquidos. El exceso de tabaco puede provocar una congestión de las mucosas.

¿Qué es el reumatismo?

La palabra proviene de *rheumatismus*, que significa "derrame de humores". Esta definición, poco precisa, concierne a más de 300 clases de reumatismos diferentes.

Los especialistas denominan así a las enfermedades relacionadas exclusivamente con las articulaciones, mientras que el paciente tiende a llamar así a todos los problemas asociados con las articulaciones, los músculos, los tendones...

Generalizando, el término "reumatismos" agrupa a la artritis, la artrosis, la gota y los reumatismos degenerativos metabólicos e inflamatorios.

Existen diversos tipos de reumatismos que pueden originarse, por ejemplo, en lesiones de las superficies cartilaginosas o de los huesos, la inflamación de la membrana sinovial, modificaciones del líquido sinovial y alteraciones de los ligamentos, tendones, músculos o raíces nerviosas.

Estos traumatismos son dolorosos, y una actividad deportiva mal desarrollada, el estrés o el cansancio pueden aumentar este dolor.

Es preciso consultar a un especialista desde los primeros síntomas.

La artrosis

Puede manifestarse en dos formas: la artrosis primitiva y la artrosis secundaria. La primera afecta a las personas mayores de 45 años y puede originarse por un importante exceso de peso (los obesos en general son más propensos a la artrosis que las personas delgadas) o por herencia. La artrosis secundaria se manifiesta antes de los 40 años y se puede deber a un traumatismo, entrenamientos mal practicados o disfuncionamientos metabólicos. A veces, la artrosis es consecuencia de un mal alineamiento de los huesos.

¿Se recomienda el stretching a las personas que jamás hayan hecho deporte?

¡Sí! Permite (re)acondicionarse físicamente de manera suave y progresiva. Tambien se recomienda a las personas que no hayan hecho deporte desde hace mucho tiempo.

Programa del viernes en 15 minutos

Postura 1
Estiramiento dorsal y de los aductores
Hacer 4 estiramientos alternados de 15 segundos cada uno.

Postura 2
Estiramiento de la cintura y de los hombros
Hacer 4 estiramientos alternados de 15 segundos cada uno.

Postura 3
Estiramiento de la parte externa del muslo
Hacer 4 estiramientos de 15 segundos cada uno.

Postura 4
Separación de piernas
Hacer 4 estiramientos de 20 segundos cada uno.

No olvide relajarse completamente respirando lo más lento que pueda entre cada postura.

Levántese lentamente exhalando por la boca al final de la sesión.

La descripción detallada de estas técnicas se encuentra en las páginas siguientes.

Postura 1
Estiramiento dorsal y de los aductores

Descripción

Sentado, con las piernas separadas al máximo, la pierna derecha flexionada y la otra extendida: presione la pierna derecha con la mano derecha y estire el brazo izquierdo verticalmente. Mantenga simultáneamente las dos extensiones durante 15 segundos inhalando por la nariz y exhalando lentamente por la boca.

Repetición

Haga 4 series alternadas.

Variante

Practique la misma postura extendiendo al máximo el pie de la pierna extendida.

Dedos cerrados extendidos
Mano en el interior de la pierna
Hombros estirados hacia atrás
Cabeza estirada hacia arriba
Pierna extendida
Talón cerca de la pelvis
Pie flexionado

Consejo profesional:

La espalda debe estar lo más derecha posible y los glúteos bien apoyados en el suelo.

Pregunta

¿Se aconseja apoyarse contra una pared para realizar esta postura?

Respuesta

Si está muy rígido, ¡sí! Si usted es flexible, no. Si se pega a una pared tiene menos posibilidades de estirar correctamente el brazo extendido hacia atrás.

Compruebe sus nociones de dietética

¿Cuáles son los beneficios del limón?
a) antigotoso
b) protector de los capilares sanguíneos
c) antiséptico

Respuesta: c) antiséptico, pero también antifatiga, antirreumático, antigotoso, diurético, remineralizante y febrífugo.

Los rayos ultravioleta

Son tres: los UVA, los UVB y los UVC.
– La piel absorbe los UVA, que penetran hasta la dermis. Éstos provocan un bronceado superficial instantáneo. Facilitan la multiplicación de los radicales libres, hacen que emerjan las manchas oscuras y pueden provocar ciertos tumores cutáneos. Sin embargo, son menos peligrosos que los UVB. Como los UVA penetran en la piel profundamente, favorecen el envejecimiento al perturbar la síntesis de fibras elásticas y de colágeno.
– Los UVB representan sólo 2% de los UV que penetran en la piel, pero son responsables de las quemaduras de sol y también provocan el bronceado. Pueden ser responsables de cánceres de la piel, sobre todo considerando que se asocian con los UVA cuando los absorbemos. Presentan los mismos inconvenientes.
– Los UVC no nos conciernen, ya que la capa de ozono los detiene.
Conclusión: los especialistas aconsejan máximo 10 minutos de exposición por día, evitando la insolación total. Eso es suficiente para preservar nuestra salud y la juventud de nuestra piel.

Sesión detallada del viernes

Dedos
entrelazados

Palmas despegadas
de la nuca

Codos flexionados al
máximo hacia atrás

Espalda rotada

Piernas separadas
alineadas con la
pelvis

Pies paralelos

Consejo profesional:

La pelvis debe
permanecer de
frente.

Pregunta

¿Se puede girar la cabeza del mismo lado que la rotación, en lugar de mantenerla en el eje del tronco?

Respuesta

Si siente mejor la postura efectuando una rotación del cuello, no dude en hacerlo.

Compruebe sus nociones de dietética

¿Cuál es la cantidad de tamaños para calibrar los huevos?

a) 3
b) 4
c) 5

• •

73 g).
a 73 g), y los muy grandes (más de
(de 53 a 63g); los grandes (de 63
(menos de 53 g); los medianos
Respuesta: b) 4: los pequeños

Postura 2

Estiramiento de la cintura y de los hombros

Descripción

Sentado o de pie, con las piernas flexionadas y los dedos entrelazados detrás de la nuca, rote el tronco. Mantenga la extensión máxima durante 15 segundos inhalando por la nariz y exhalando por la boca lo más lento que pueda. Relájese completamente al erguirse durante unos 10 segundos antes de invertir la posición.

Repetición

Haga 4 series alternadas.

Variante

Practique la misma técnica colocando cada mano en el omóplato opuesto.

Deportistas: consuman chocolate

El chocolate tiene una gran riqueza nutricional, sobre todo en magnesio, fósforo, sodio, calcio y potasio.

Una barra de chocolate contiene 68 mg de potasio (indispensable para las contracciones musculares) y 0.5 mg de hierro. De cualquier modo, conviene no abusar, ya que representa en promedio 500 calorías por cada 100 g.

Opte por el chocolate amargo antes que por el de con leche, mucho más calórico. El chocolate blanco lo es aún más, debido a su porcentaje más elevado en manteca de cacao. El chocolate amargo es una mezcla de manteca de cacao, azúcar y pasta de cacao. La cantidad de cacao del chocolate amargo puede variar de 30 a 95%. Por lo tanto, siempre elija los chocolates con el nivel de cacao más elevado. El chocolate con leche contiene aproximadamente 30% de cacao, 50% de azúcar y 20% de leche. El chocolate blanco es una mezcla de manteca de cacao, leche, azúcar y vainilla.

Sesión detallada del viernes

Postura 3
Estiramiento de la parte externa del muslo

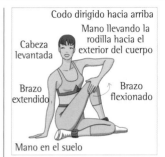

Codo dirigido hacia arriba
Mano llevando la rodilla hacia el exterior del cuerpo
Cabeza levantada
Brazo extendido
Brazo flexionado
Mano en el suelo

Descripción

Sentado, flexione la pierna izquierda en el suelo llevando el pie izquierdo hacia el cuerpo y hacia la derecha al máximo. Pase la pierna derecha por encima del muslo izquierdo y acerque la rodilla derecha al tronco con la mano izquierda. Coloque la mano derecha en el suelo para reforzar la posición vertical de la espalda. Mantenga la acción de estiramiento máximo de la mano izquierda durante 15 segundos inhalando por la nariz y exhalando por la boca lo más lento que pueda.
Relájese completamente durante unos 10 segundos antes de invertir la posición.

Repetición

Haga 4 series alternadas.

Variante

Realice la misma postura estirando verticalmente el brazo de apoyo.

Consejo profesional:

Lleve al máximo hacia atrás el pie de la pierna trabajada.

Pregunta

¿Se puede realizar una ligera rotación del cuerpo hacia un lado u otro con esta técnica?

Respuesta

Es mejor no hacerlo, ya que eso puede añadir otros estiramientos poco recomendables para las lumbares.

Hay arrugas y arrugas...

Se distinguen 3 tipos de arrugas:
– las arrugas actínicas: son el resultado de exposiciones de la cara al sol y atañen a toda la cara. No son desagradables, ya que son muy finas.
– las arrugas de expresión: éstas dan personalidad a la cara. Son las arrugas de la "pata de gallo" (en los ojos), de león (en el entrecejo), del surco nasogeniano (de cada lado de la nariz) y las arrugas llamadas "de interrogación" (arriba de las cejas).
– las arrugas de hundimiento: se acompañan de pliegues o de bolsas en las mejillas, los párpados, los labios, y hacen que la cara tienda a colgarse. Son las más antiestéticas.
Afortunadamente, existen la cirugía estética y la cosmetología para proponerle soluciones cada vez más atractivas.

Compruebe sus nociones de dietética
Los pescados grasos tienen lípidos. ¿Cuál es su porcentaje?
a) 10%
b) 15%
c) 20%

•••••••••••••••••••••••
10% de lípidos.
caballa o sarda, etc.) contienen
grasos (salmón, atún, arenque,
Respuesta: a) Los pescados

Sesión detallada del viernes

Manos levantando la pantorrilla de cada lado de la pierna — Pie flexionado — Pierna extendida al máximo — Espalda derecha — Pierna contra el suelo — Pie flexionado con los dedos doblados hacia atrás

Consejo profesional:

No intente inclinar la cabeza hacia el muslo; la espalda y el cuello deben mantenerse derechos en esta técnica.

Pregunta

¿Se puede realizar esta postura sin ayuda de las manos?

Respuesta

¡Sí! Simplemente conviene tener un poco de práctica, ya que lograr eso no está al alcance de cualquiera.

Compruebe sus nociones de dietética

¿Cuál es la verdura que más se consume en Latinoamérica?
a) la papa
b) la lechuga (todas las variedades)
c) el tomate

• •

Respuesta: a) La papa (7.1 kg al año por persona). No es muy calórica.

Postura 4
Separación de piernas

Descripción

Hincado ante una pared, apoye un talón en lo alto. Mantenga la altura máxima durante 20 segundos inhalando por la nariz y exhalando por la boca lo más lento que pueda. Relájese completamente durante unos 20 segundos antes de invertir la posición.

Repetición

Haga 4 series alternadas.

Variante

Realice la misma técnica desviando la pierna hacia la izquierda, luego hacia la derecha, en lugar de colocarla de frente.

¿Qué es la epicondilitis?

Es la inflamación del tendón común de los músculos laterales (que se encuentran en la cara externa del codo). La epicondilitis de los jugadores de tenis se denomina *tennis-elbow*. Este síndrome proviene ya sea de un movimiento mal realizado repetidamente o bien de la utilización de objetos mal adaptados a la morfología del que los usa. Un sobreentrenamiento también puede provocar este traumatismo.

La epicondilitis se manifiesta por un dolor con palpitaciones de los músculos laterales o al momento de su contracción. El tratamiento se efectúa las más de las veces con ayuda de pomadas antiinflamatorias o infiltraciones, y en ocasiones incluye también técnicas de estiramiento o de fortalecimiento muscular. Es importante ya no sentir dolor antes de reactivar cualquier entrenamiento y, sobre todo, determinar el origen del traumatismo, para evitar que se repita.

Algunas plantas medicinales

Todos los herbolarios le dirán que algunas plantas pueden tener una acción analgésica eficaz para casos muy precisos.

Por ejemplo, la **reina de los prados** se usó en la medicina a partir del siglo XVIII en forma de té y de decocción. Se la conoce desde 1986 por mejorar los problemas articulares, ayudar a la diuresis y facilitar la eliminación. La *reina de los prados* tiene un contenido orgánico importante en ácido salicílico (del cual la aspirina es un derivado).

La **cola de caballo** se conoce por ayudar al sistema de eliminación renal y digestivo, y consolidar los huesos.

La **ortiga picante** tiene propiedades depurativas y diuréticas. Los especialistas la aconsejan también para la gota y los reumatismos. Se dice que constituye una prevención contra varios tipos de alteración de los huesos.

Las **algas** tienen una acción antiestrés y de eliminación. Tienen la reputación de activar el metabolismo, ayudar a perder peso, dotar nuevamente al organismo de minerales y aliviar los dolores relacionados con los reumatismos.

Es necesario citar al **abedul**, que se recomienda para la artrosis, la artritis y los edemas, ya que tiene una acción diurética y descongestionante. Algunas personas también lo recomiendan para el colesterol y la hipertensión.

La **albura de tilo** se aconseja, entre otras cosas, para la gota, los reumatismos, la hipertensión, el hepatismo, la artritis, etcétera.

La **raíz de bardana** o **lampazo** es depurativa y diurética; se recomienda para dolores articulares. Sus hojas poseen ciertas virtudes analgésicas.

Las bondades de las frutas

- Se sabe que la manzana regula el tracto intestinal, disminuye el nivel de colesterol, es diurética y antidiarreica.
- El melón estimula la función renal y es diurético. Se recomienda a las personas que padecen enteritis.
- El plátano o banano es rico en magnesio y almidón, fibras y carbohidratos; es un alimento muy interesante.
- La fresa o frutilla contiene vitamina C y sales minerales, es digesta y tonificante.

Programa del sábado en 15 minutos

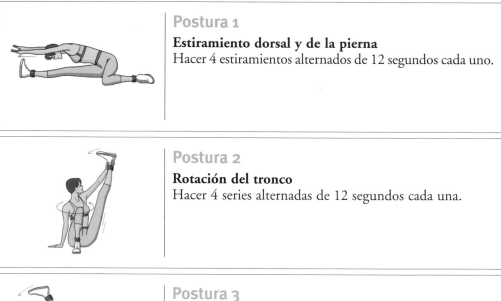

Postura 1

Estiramiento dorsal y de la pierna
Hacer 4 estiramientos alternados de 12 segundos cada uno.

Postura 2

Rotación del tronco
Hacer 4 series alternadas de 12 segundos cada una.

Postura 3

Estiramiento de las piernas
Hacer 4 estiramientos alternados de 10 segundos cada uno.

Postura 4

Estiramiento de la espalda y de las piernas
Hacer 4 estiramientos alternados de 15 segundos cada uno.

No olvide relajarse completamente respirando lo más lento que pueda entre cada postura.

Levántese lentamente exhalando por la boca al final de la sesión.

La descripción detallada de estas técnicas se encuentra en las páginas siguientes.

Postura 1
Estiramiento dorsal y de la pierna

Descripción

Sentado, extienda la pierna derecha hacia adelante (correctamente colocada en el eje de su articulación). Flexione su pierna izquierda hacia atrás. Incline al máximo el tronco sobre la pierna extendida durante 12 segundos inhalando por la nariz y exhalando lentamente por la boca.
Relájese completamente durante unos 20 segundos antes de invertir la posición.

Repetición

Haga 4 series alternadas.

Variante

Practique la misma postura entrelazando los dedos, con las palmas dirigidas hacia afuera.

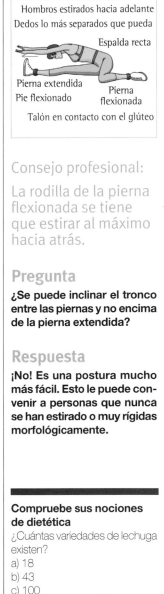

Brazos extendidos al máximo
Hombros estirados hacia adelante
Dedos lo más separados que pueda
Espalda recta
Pierna extendida
Pie flexionado
Pierna flexionada
Talón en contacto con el glúteo

Consejo profesional:

La rodilla de la pierna flexionada se tiene que estirar al máximo hacia atrás.

Pregunta

¿Se puede inclinar el tronco entre las piernas y no encima de la pierna extendida?

Respuesta

¡No! Es una postura mucho más fácil. Esto le puede convenir a personas que nunca se han estirado o muy rígidas morfológicamente.

Algunas cifras acerca de los problemas dorsales

El primer resultado es alarmante:
El 70% de los adultos se queja (o se ha quejado) de su espalda. En 10 años (de 1982 a 1992), la frecuencia de lumbagos se triplicó. En Estados Unidos, entre 1960 y 1980 el gasto de indemnización de invalidez por lumbago se multiplicó por 27. Estos valores son elocuentes e incitan a optar por una actitud preventiva de vida saludable (esencialmente vigilando el peso y las diversas posiciones).

Compruebe sus nociones de dietética
¿Cuántas variedades de lechuga existen?
a) 18
b) 43
c) 100
• •
Respuesta: c) 100. Se le atribuye un efecto calmante y sedante.

Sesión detallada del sábado

Pie flexionado
Cabeza girada
Espalda en rotación
Brazo extendido
Pierna flexionada
Talón cerca de la pelvis
Mano en el suelo cerca de la pelvis

Consejo profesional:

Estire lo más correctamente posible la pierna hacia un lado y hacia atrás.

Pregunta

¿Es mejor tomar el talón o la planta del pie elevado?

Respuesta

Como más le convenga, según sus posibilidades de amplitud articular.

Compruebe sus nociones de dietética

El perejil es rico en:
a) vitamina C
b) vitamina D
c) vitamina E

. . . .

Respuesta: a) vitamina C, pero también en vitamina A, calcio, hierro, ácido fólico, fósforo y potasio.

Postura 2
Rotación del tronco

Descripción

Sentado, flexione la pierna derecha adelante y eleve la pierna izquierda de lado sosteniéndola con la mano izquierda verticalmente. Empuje el suelo con la mano derecha para estirar bien la espalda. Realice así una rotación del cuerpo hacia la izquierda. Mantenga el estiramiento máximo durante 12 segundos inhalando por la nariz y exhalando lentamente por la boca.

Relájese completamente durante unos 15 segundos antes de invertir la posición.

Repetición

Haga 4 series alternadas.

Variante

Practique la misma técnica extendiendo la pierna adelante de usted.

¿Es usted propenso a las palpitaciones?

La ansiedad y a veces el estrés pueden ser la causa de las palpitaciones. Conviene consultar a un médico si persiste esta molestia.

El abuso de café y té puede ser fuente de palpitaciones. Asimismo, este problema puede surgir después de comer copiosamente. Las palpitaciones también se pueden atribuir a una hipoglucemia. Se recomienda evitar los azúcares rápidos, los pasteles, todo tipo de golosinas y el alcohol, y tener una alimentación rica en fibras, verduras, frutas, cereales y azúcares lentos (arroz, pasta, etcétera).

Postura 3
Estiramiento de las piernas

Descripción

Boca arriba, con los hombros reposando sobre un soporte (almohadón, colchoneta de gimnasia doblada en cuatro, manta, etc.), flexione las piernas y eleve la pelvis. Eleve a continuación la pierna derecha verticalmente y acérquela lo más que pueda a la cara con ayuda de las manos. Mantenga la extensión máxima de la parte posterior de la pierna durante 10 segundos inhalando por la nariz y exhalando lentamente por la boca.

Relájese por completo durante unos 20 segundos antes de invertir la posición.

Repetición

Haga 4 series alternadas.

Variante

Practique la misma postura estirando la pierna hacia un lado en lugar de hacia usted.

Hombros en reposo sobre un soporte
Pierna extendida al máximo
Brazos flexionados
Codos dirigidos hacia el exterior
Espalda recta separada del suelo
Pantorrilla perpendicular al suelo

Consejo profesional:

Procure no arquear la espalda; ésta debe conservar su curvatura natural.

Pregunta

¿Se puede descender un poco la pelvis en caso de gran fragilidad lumbar?

Respuesta

¡Sí! Sin embargo, esta variante reduce una parte de la eficacia de la postura.

Compruebe sus nociones de dietética

¿En qué alimentos se encuentra el zinc?
a) en el pescado
b) en la zanahoria
c) en el huevo

· · · · · · · · · · · · · · · ·

Respuesta: c) en el huevo, pero también en las carnes rojas, los menudos, productos lácteos, mariscos, cereales y algunas verduras.

¡Coma fresas!

Además de su sabor, la fresa es una excelente fuente de vitamina C y sales minerales. También contiene potasio, magnesio y ácido fólico.

Es un alimento privilegiado para las personas con una actividad física regular, ya que es muy digesta y tiene la reputación de tonificar el organismo. Tiene acción diurética, depurativa, remineralizante, astringente, antianémica, antirreumática y reguladora del sistema intestinal.

Existen más de 600 variedades de fresas en el mundo.

Sesión detallada del sábado

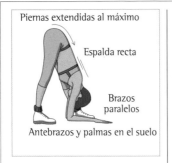

Piernas extendidas al máximo

Espalda recta

Brazos paralelos

Antebrazos y palmas en el suelo

Consejo profesional:

No despegue del suelo el talón de la pierna trasera; si es necesario, acerque un poco las piernas.

Pregunta

¿Cuál es la parte del cuerpo más estirada?

Respuesta

Si la postura se efectúa perfectamente, el estiramiento es general, incluso si se tiende a sentir un mayor estiramiento en la espalda alta (aunque es más bien de los hombros debido al posicionamiento de los brazos).

Compruebe sus nociones de dietética

El plátano o banano es un fruto originario de:
a) África
b) Asia
c) Sudamérica

· ·

Respuesta: b) Asia. Se conoció en Europa hasta principios del siglo xx.

Postura 4
Estiramiento de la espalda y de las piernas

Descripción

De pie, coloque una pierna delante de la otra. Separe los pies aproximadamente 20 cm. Flexione el tronco hacia adelante tratando de colocar los antebrazos en el suelo. Mantenga la flexión máxima del cuerpo durante 15 segundos inhalando por la nariz y exhalando con suavidad por la boca. Levántese completa y lentamente intentando desarrollar la espalda vértebra por vértebra.

Relájese completamente durante unos 30 segundos antes de invertir la posición.

Repetición

Haga 4 series alternadas (cambiando la posición de los pies).

Variante

Practique la misma técnica estirando al máximo los brazos paralelos hacia adelante.

Gastritis y alimentación

La gastritis es una inflamación del estómago. Puede manifestarse de manera puntual o crónica.

Las primicias de la gastritis son la acidez o sensación de calor en el estómago.

La gastritis aguda tiene varios orígenes: una intolerancia alimenticia, una reacción negativa a un medicamento, un exceso de alcohol, un virus, una bacteria (*helicobacter pylori*).

En el caso de gastritis crónicas, el dolor varía casi siempre de intensidad, debido a la absorción de alimentos azucarados o de alcohol. Esta sensación de acidez se manifiesta generalmente al principio o al final de las comidas y sólo se calma parcialmente con medicamentos alcalinos.

En el caso de las gastritis agudas o más graves, también se presentan vómitos (a veces con sangre) junto con los dolores epigástricos.

Conclusión

¡Ya terminó su mes de entrenamiento!
Ahora, usted puede:
- repetirlo durante todo el año;
- ejercitarse con las variantes durante otro mes, antes de practicar de nuevo las técnicas básicas;
- o bien alternar una sesión de técnicas básicas con una de variantes.

¡Usted decide!

Pero al cabo de un mes ya debe sentir todo su cuerpo elástico, su espalda libre de tensiones y una mejor resistencia en los largos ratos de inmovilidad (ante la computadora, por ejemplo).

¡Ánimo!

¿Conoce usted su potencial de amplitud articular máxima?

Para la muñeca

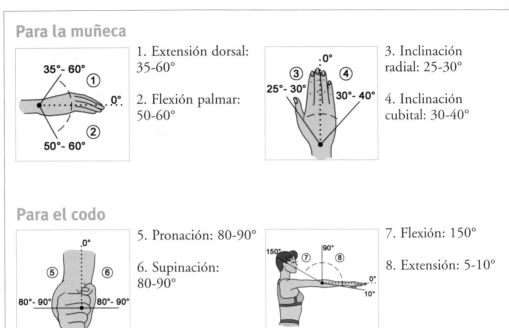

1. Extensión dorsal: 35-60°

2. Flexión palmar: 50-60°

3. Inclinación radial: 25-30°

4. Inclinación cubital: 30-40°

Para el codo

5. Pronación: 80-90°

6. Supinación: 80-90°

7. Flexión: 150°

8. Extensión: 5-10°

Para el hombro

Brazo en el costado:

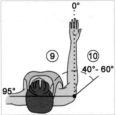

9. Rotación interna: 95°

10. Rotación externa: 40-60°

Brazo en abducción a 90°:

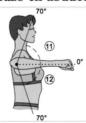

11. Rotación externa: 70°

12. Rotación interna: 70°

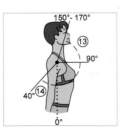

13. Antepulsión: 150-170°

14. Retropulsión: 40°

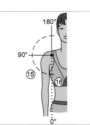

15. Abducción: 80°

16. Aducción: 20-40°

¿Conoce usted su potencial de amplitud articular máxima?

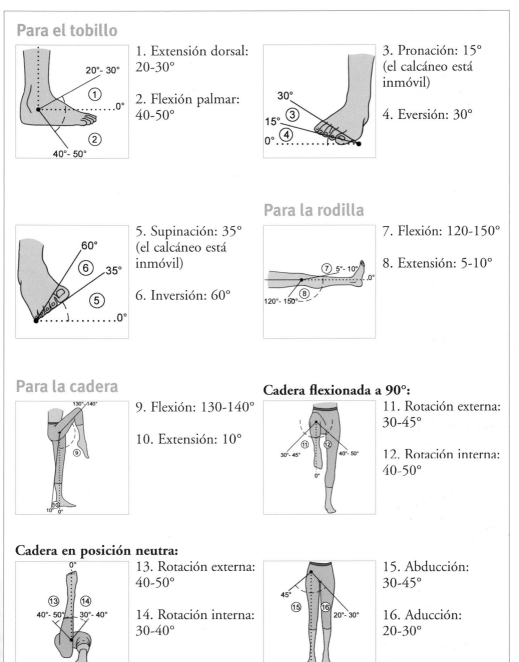

Para el tobillo

1. Extensión dorsal: 20-30°

2. Flexión palmar: 40-50°

3. Pronación: 15° (el calcáneo está inmóvil)

4. Eversión: 30°

5. Supinación: 35° (el calcáneo está inmóvil)

6. Inversión: 60°

Para la rodilla

7. Flexión: 120-150°

8. Extensión: 5-10°

Para la cadera

9. Flexión: 130-140°

10. Extensión: 10°

Cadera flexionada a 90°:

11. Rotación externa: 30-45°

12. Rotación interna: 40-50°

Cadera en posición neutra:

13. Rotación externa: 40-50°

14. Rotación interna: 30-40°

15. Abducción: 30-45°

16. Aducción: 20-30°

EDICIÓN ORIGINAL
Dirección editorial: Bernard Leduc
Edición: Françoise Colinet y Fabienne Travers
Ilustraciones: Delétraz

VERSIÓN PARA AMÉRICA LATINA
Dirección editorial: Amalia Estrada
Supervisión editorial: Sara Giambruno
Traducción: Ediciones Larousse con la colaboración
del Instituto Francés de América Latina (IFAL)
y de Claudia Riva Palacio
Asistencia editorial: Lourdes Corona
Coordinación de portadas: Mónica Godínez
Asistencia administrativa: Guadalupe Gil
Fotografías de portada: sup. izq. © AbleStock
sup. der., inf. izq. e inf. der.: © BananaStock

© 2003 Marabout, París
Título original: *Stretching mode d'emploi*
"D. R." © MMVI por E.L., S.A. de C.V.
Londres 247, México, 06600, D.F.
ISBN: 2-501-03886-X (Marabout)
ISBN: 970-22-1386-X (E. L., S. A. de C.V.)
978-970-22-1386-4

PRIMERA EDICIÓN — 1ª reimpresión — 1/2007

Impreso en México – Printed in Mexico